找出你的生活好質感。

いいことが起こり続ける
数字の習慣

望月實

前言　幸福，是「數字」教我的！

「我明明就很認眞啊，爲什麼事情總是無法順利進展？」

您是否經常如此興嘆？

瘦身運動難以持續；

工作經常遭遇挫折；

看到想買的東西，錢卻不夠用……

諸如此類的不如意事情一再發生，會讓人意志消沈。

但環顧周遭的親朋好友，有人總是隨心所欲地購物、輕鬆保持窈窕身材，不是嗎?!

想到那些人做什麼事情都輕鬆自在的模樣，或許有人會心有不甘地感慨：爲什麼他們能，我不能？

假如您也有過上述感慨，不妨試試**利用「數字」調整人生**吧！

我的本業是會計師，曾任職於外商會計師事務所。

在那段工作經歷中我學到一件事，至今仍然受用，那就是：如何**善用數字，以最少精力達成目標的方法**。

工作的目標，或許是以最高效率獲取利益，但人生的目標應該是努力去**增加幸福時光**！

我開始思考，如何運用在外商公司鍛鍊出的工作能力，爲自己開創更幸福的每一天。

002

人類的幸福感，發生在「**健康（窈窕身材）**」、「**財富**」、「**人際關係**」、「**時間**」四個面向取得平衡時。

撰寫本書，便是想與讀者分享如何運用數字概念，讓這四個面向得以平衡共存。

一聽到數字，或許有些讀者已經開始猜測，書中會出現一些難懂的計算公式或會計報表。

不，本書要分享的，是**任何人都能理解的「最低限度」的數字觀念**。

數字專家不須使用任何多餘的數字。

本書所分享的數字觀念，在那些**一聽到數字就皺眉的女性朋友間也廣受好評，所以對數字不擅長也沒關係**。

那麼回歸主題。爲何數字能幫助我們以最少精力達成目標呢？

因爲，數字就好比是帶領我們以最短路徑通往目的地的「導航器」！

舉大廚A先生爲例。他總是能以最快的速度把美味料理端上桌，其實祕訣就在於貼在牆上的一張小便條紙。

以家常料理——味噌湯爲例。

「三人份：味噌○克、水○克、味素○克。

四人份：味噌○克、水○克、味素○克。」

像這樣，將某次最美味的烹調經驗記錄在小便條紙上，日後要重現這道料理只要利用「磅秤」拿捏各食材與調味料的份量。這便是大廚能快速上菜的小祕訣。

因爲有「磅秤」協助拿捏份量，即使不試味道，也能烹調出相同的美味。

數字運用在瘦身運動上也同樣有效。

我剛進會計師事務所時的體重是六十五公斤，後來因爲工作忙碌無暇運動，體重在十年間暴增至七十五公斤。

一方面有感於體重過重，另一方面受到妻子不斷嘲笑我是「胖子」的刺激，終於決定認眞執行瘦身計畫。

過去十年內，我曾數度展開瘦身計畫，但每次都過沒多久就復胖，減重計畫總在原地踏步。

當我開始懷疑自己是因爲意志薄弱才無法成功瘦身時，腦中忽然閃過一個念頭，何不將工作上的數字觀念運用於減重呢！

瘦身效果比預期還要好。

利用數字瘦身的最大好處就是不會復胖。

結果，我在二〇〇九年六月時，讓體重恢復到剛進公司時的六十六公斤。

回首過去的減肥經驗，我發覺屢次失敗的原因在於：強求自己「忍耐！」

我曾嘗試各種錯誤的瘦身方法，最後終於在「**不用忍耐的減重方法**」下瘦身成功。

我將在第二章〈「數字瘦身術」打造招喚好運的身材〉中詳細介紹這項瘦身方法。

再次強調，幸福人生確立在身體健康、財富、人際關係、時間四個面向都取得平衡之時。擁有鉅額財富但人際關係惡劣的人並無法擁抱幸福。

與其思考如何增加某種能力，試著**平衡自身擁有的部分更加重要**。生活中各面向平衡共立時，心情的平靜自然會到訪。

可以藉由數字獲取平衡的面向包括身體健康（身材）、財富與時間。而這三個面向的共通點就是「無形」。**假如不化為數字，不到狀況出現我們往往難以意識到發生了什麼事**。

舉例來說，養成每天量體重的習慣，便能提醒自己在復胖前減重，隨時保持窈窕身材。

追求幸福的主要方法並非「忍耐」，而是找到適合自己的方式，並在愉悅的心情下持之以恆。

幸福之道因人而異，唯有利用適合自己的方法才能持續朝幸福邁進。而數字，正是提示合適方法的指標。

我在二十五歲考取會計師資格，在三十七歲的今日完成七本著作。或許有讀者會對我今日的人生經歷感到驚訝。若要描述如此成果的來由，我認為簡單說成「努力所得」並不十分適合，「朝向夢想不斷累積每一步」似乎更為貼切。

這亦是一連串「努力」與選擇「不努力」的交互過程所產生的結果。

幸福人生的起點是自己訂的，終點也是。

人生沒有模範解答，我們只能尋求適合自己的最佳解答。而答案，一定會在我們善待自己與他人，照顧自己也關心他人的過程中逐漸浮現。

接下來，就讓本書帶領各位探索如何利用數字創造幸福人生的方法吧！

第二章　「數字瘦身術」打造招喚好運的身材

第五章　設計理想的人生藍圖

第一章　療癒系「時間規劃術」

打造更接近理想自我的時間

各位對「正面思考」這個詞彙抱持的印象是什麼呢？我認爲，所謂正面思考並非只是一派樂天而已。

眞正的正面思考應該是，「思考」**當下該做什麼才能讓自己更接近理想未來**，並且付諸「行動」。

正在執行減肥計畫，卻在見到甜點時萌生「吃一點點也無妨」的念頭……

心中存有創業的夢想，卻克制不了購物慾望，說服自己創業資金船到橋頭自然直……

當然，享用美味的甜點很幸福，隨心所欲地購物也很幸福。

但是，以上行動會造成身材肥胖、創業資金短缺，帶來令人後悔的結果。

但是話說回來，只要忍耐就好嗎？恐怕也不盡然。

因爲享受美食、購物都是人生樂事之一。那麼，吃或不吃、買或不買之間到底該怎麼拿捏呢？

答案揭曉：**與數字交手，養成均衡飲食、均衡支出的習慣即可**。

要實現理想，就要在每日的生活中，創造一段讓自己更接近理想自我的時間。

每個人的一天都是公平的二十四小時，但是如何度過一天的方式卻會大大影響個人的幸福感受。

因此，我在第一章中將會說明如何善用時間，創造出讓自己更接近理想的時間。

爲了妥善運用時間，我會**利用Excel表格管理行事曆**，並且在一天之中重新檢視行程三～四次，思考完成當日行程最有效率的辦事順序。

此外，我也很喜歡思考如何運用時間才能增加幸福時光，**藉由Excel表格設計自己的理想生活形式**。詳細方法本書將於稍後做詳細介紹。

透過這些方法，我自外商會計師事務所離職以後，不但實現了自行創業的理想，並且在三年之內完成了七本著作。

我過著理想中的幸福生活，自由地度過每一天。

本書中第一章至第四章，將以「時間」、「瘦身」、「財富」、「人際關係」爲主題依序介紹，第五章以「設計理想的人生藍圖」爲主題，融入幸福人生的四個面向，說明創造幸福人生的方法。

有關Excel表格的製作方法，將於第五章再次說明，讀者若在閱讀本章時對Excel的表格製作感覺困難，請先放鬆心情瀏覽帶過即可。

為何妥善利用時間如此困難？

各位是否曾感慨時間不夠用？

盼望有多一點時間可以看齣自己喜愛的電視節目，或是與朋友聚餐？或是希望有時間學才藝或看書準備資格考試，讓自己的未來發光發熱？

然而，儘管對於時間應用有諸多想法，各位是否又常在一天終了時感嘆時間不夠用、工作無法如期結束，或是自己怎麼又懶散度日了呢？

假設，現在有一件工作必須在一個月後完成。

絕大多數人可能產生還有一個月時間，「反正還久呢」的心理，然後悠哉度日，直到交件期限只剩三天時才慌慌張張地開始趕工。

這種心態就像學生玩到暑假快要結束才開始趕暑假作業一樣。

市面上幾乎每本時間管理書籍都教導讀者「事先安排行程、優先辦理重要事項」是妥善利用時間的祕訣。

不過，即使有心做好時間管理、事先排妥行程，還是難免發生打亂行程的突發狀況。

相信各位或多或少都有過以下經驗：會議因爲顧客或上司而臨時延期；既定行程因爲感冒身體不適受到影響……

因爲一些突發狀況，不是忙不過來就是時間過剩，也會造成工作上提不起勁。

然而，考慮到突發的狀況，若想妥善運用時間，建議各位先將必須執行的事項**「視覺化」，以便即時檢視，即時調整優先順序。**

具體來說，便是**讓行程有如「拼圖」般，可隨意重組、置換，形成最適當的優先順序**。

我個人便是在體認到以上技巧後才開始懂得運用時間。自從懂得如何安排行程，即使突發狀況來臨，也能靈活調整行程應變。而這確實爲我減輕不少壓力。

那麼，問題來了。如何將行程「視覺化」使時間可像拼圖般重組呢?在不斷地嘗試下，我發現Excel表格最適合用來管理時間與行程。

緊接著，下一節便要爲各位說明：如何應用Excel表格製作行事曆。

020

讓行程像拼圖般可隨意重組

爲了使時間的運用更有效率，許多人習慣將待辦事項全數寫在紙上，並排定辦理順序。

上述方法固然能有效管理日行程，卻不適合管理爲期較長的週或月行程。

建議各位，對於長期間的行程管理，不妨利用Excel表格，使時間單元變成有如拼圖一般方便重組。以下，以我的行程爲例。

首先，將一週內的所有工作、娛樂或雜事等預定行程一一列出。如第二二頁表一就是我個人從二〇〇八年十月十日起的一週主要行程。

藉由表列項目可得知，該週行程包含工作與私人事務，不僅要準備將在十一月份舉辦的講座內容、爲即將出刊的雜誌專欄撰稿，還有預計十二月份出版的書籍要完稿、到租片中心租ＣＤ、送洗衣物等。

有鑑於公私事務混雜可能妨礙時間的運用效率，所以我習慣以下三步驟，運用「視覺化管理」，來確保時間有效運用。

步驟一、利用Excel表格讓行程「視覺化」。

步驟二、反應行程狀況。

步驟三、重新檢視行程。

接著，將依序說明以上三步驟。

■表一

．準備講座內容（會計報表的閱讀方法）
．準備講座內容（收集資訊）
．語調練習 6
．蒐集撰寫雜誌專欄所需的資料
．準備講座內容（業務）
．準備講座內容（會計報表速讀術）
．與○○先生會面
．旅行
．修正著作的原稿
．整理新聞資料
．語調練習 7
．整理書籍資料
．伊格斯（EGOSCUE）運動療程 2
．衣物送洗
．去租片中心借CD
．還CD
．上健身房
．整理房間

步驟一、藉由Excel表格讓行程「視覺化」

第二四頁的表二便是我利用Excel表格將十月十日起的一週行程「視覺化」。Excel表格非常方便製作行事曆，只要**將待辦事項依照優先順序填入**即可。

我預計在當週的十月十二日、十三日去旅行。

當時的想法是：儘可能在十一日前完成講座內容準備，然後無後顧之憂地去旅行，讓旅行活化疲憊的身心，最後以愉快的心情回家繼續撰寫書稿。

■表二

10月10日	10月11日	10月12日	10月13日	10月14日	10月15日	10月16日
準備講座內容（會計報表的閱讀方法）	準備講座內容（業務）			修正原稿	整理書籍資料	還CD
準備講座內容（收集資訊）	準備講座內容（會計報表速讀術）	旅行	旅行	發mail給○○先生	伊格斯運動療程 2	上健身房
語調練習 6	17點與○○先生會面			整理新聞資料	衣物送洗	整理房間
蒐集撰寫雜誌專欄所需的資料				語調練習 7	去租片中心	

以十月十日爲例，我最希望做的事情是準備講座，再來是做語調練習，假如當天還有剩餘時間，再繼續蒐集寫雜誌專欄所需要的資料。

不過我也認知到十月十日當日不可能完成那麼多事情，所以又安排隔日的時間繼續準備尚未完成的講座內容。

如上，利用Excel表格製作行事曆非常簡單，只要將自己想要做的事情一一填入表中即可。

當然，行事曆並非只能填寫工作事項，休閒活動、聚會、旅遊等有趣的活動也可以積極填入！

步驟二、反應行程狀況

本節要爲各位說明管理行程的辦法——**在行程結束後利用顏色作為反應行程狀況的記號**（如第二七頁表三所示）。

例如到了十月十三日，由於當日以前的行程已全部執行完畢，因此行事曆中約有半數的格子變了顏色。

利用顏色管理的好處便是見到有色格子一格一格地增加，「哇，在我的努力下又有一件事情完成了！」的想法油然而生，心情也會愈來愈好。

■表三

10月10日	10月11日	10月12日	10月13日	10月14日	10月15日	10月16日
準備講座內容（會計報表的閱讀方法）	準備講座內容（業務）	旅行	旅行	修正原稿	整理書籍資料	還CD
準備講座內容（收集資訊）	準備講座內容（會計報表速讀術）			發mail給○○先生	伊格斯運動療程 2	上健身房
語調練習 6	17點與○○先生會面			整理新聞資料	衣物送洗	整理房間
蒐集撰寫雜誌專欄所需的資料				語調練習 7	去租片中心	

將已完成行程的欄位上色

10月10日	10月11日	10月12日	10月13日	10月14日	10月15日	10月16日
準備講座內容（會計報表的閱讀方法）	準備講座內容（業務）	旅行	旅行	修正原稿	整理書籍資料	還CD
準備講座內容（收集資訊）	準備講座內容（會計報表速讀術）			發mail給○○先生	伊格斯運動療程 2	上健身房
語調練習 6	17點與○○先生會面			整理新聞資料	衣物送洗	整理房間
蒐集撰寫雜誌專欄所需的資料				語調練習 7	去租片中心	

設計一套方法，讓自己能夠確實感受到自己的努力成果，以便維持行程管理的動力，是管理行事曆最大的重點。

建議各位利用一目瞭然的視覺化管理方式，讓自己享受管理時間的成就吧！

步驟二、重新檢視行程

出乎預料的事情隨時都可能發生，因此我們很難每天按照行事曆處理事情。就像我原本預定在十月十四日上午開始修正將在十二月出版的單行本原稿，但是到了傍晚覺得自己無法在當日完成，於是決定調整行程應變（如第三十頁表四）。

由於當天我還預定利用十五分鐘「發mail給○○先生」，所以一到預定時間，便暫時放下修稿工作，依計畫把mail打好並寄出。至於當日原訂的「整理新聞資料」工作，考量到與隔日「整理書籍資料」合併處理比較有效率，決定挪到隔日（十五日）再進行。而另一原訂行程「語調練習」，則決定挪到更晚的十六日再進行。

■表四

10月10日	10月11日	10月12日	10月13日	10月14日	10月15日	10月16日
準備講座內容（會計報表的閱讀方法）	準備講座內容（業務）	旅行	旅行	修正原稿	整理書籍資料	還CD
準備講座內容（收集資訊）	準備講座內容（會計報表速讀術）			發mail給○○先生	伊格斯運動療程 2	上健身房
語調練習 6	17點與○○先生會面			整理新聞資料	衣物送洗	整理房間
蒐集撰寫雜誌專欄所需的資料				語調練習 7	去租片中心	

將無法完成的行程調整到可行日期

10月10日	10月11日	10月12日	10月13日	10月14日	10月15日	10月16日
準備講座內容（會計報表的閱讀方法）	準備講座內容（業務）	旅行	旅行	修正原稿	修正原稿	還CD
準備講座內容（收集資訊）	準備講座內容（會計報表速讀術）			發mail給○○先生	整理新聞資料	上健身房
語調練習 6	17點與○○先生會面				整理書籍資料	整理房間
蒐集撰寫雜誌專欄所需的資料					伊格斯運動療程 2	語調練習 7
					衣物送洗、去租片中心	

保持意志力集中的祕訣在於**感到疲勞的當下立即休息**。因此在重新調整行程確認可以處理完原訂事項之後，我決定先安排一段休息時間。

由於人在後續狀況未明的情況下很難放心休息，因此我習慣在休息前事先規劃好休息後要接著辦理的事項。

果眞，十四日當日，當稿子改到晚上十二點，我已經太過疲勞無法繼續了。於是決定將未修完的稿子留到隔日（十五日）繼續，將「修正原稿」列爲隔日第一優先事項之後便就寢。

如上所述，利用「視覺化」行程管理行程便能均衡地運用每天的時間。

以上是我「無法依原訂計畫完成待辦事項」的行程調整案例說明。但，假如十四日我提早完成了修稿工作，當天有剩餘時間時又該如何因應呢？

假設當天時間多出了三十分鐘，那麼我會將原訂在十五日「到租片中心租借CD」這項行程挪過來；假如時間多出二小時，那麼我會將原訂在十六日的「上健身房」行程挪過來。

「視覺化」行程管理方法的優點之一是**時間易於調配**。一有空餘時間產生，我們便能立刻依照時間長短，排進相當時間的待辦事項；而當時間不夠時，也能迅速了解未完成的事項要挪到哪個時段繼續處理最好。

而且，行事曆所規劃的期間愈長，愈有利於行程之重新調配。例如，月行事曆會比週行事曆更容易做行程調配。

至於行事曆的內容，並不需要限定爲工作事項，建議各位不妨也將「海外旅遊」、「朋友聚會」之類的歡樂行程通通安排進去！我個人就習慣每週排入一次與友人暢飲的歡樂行程。

我能夠輕鬆完成工作的祕訣並非是時時提醒自己「還有這些工作要做！」，而是告訴自己「完成這項工作就能和朋友去喝一杯啦！」重點就是：**把焦點放在快樂的未來上**！我總是一邊看著行事曆一邊告訴自己「完成這件工作之後就能好好地玩了！」讓開心的願景成爲推動自己完成每日工作的動力。

化危機為轉機的行程規劃術

行程管理「視覺化」還具有化危機爲轉機的優點。

本節將利用先前提到的行程繼續做說明。

我原先安排在二〇〇八年十月底完成雜誌與單行本的原稿，在十一月初提出日經商業學苑講座所需的資料，並且設定十月二十日以後不再排入新行程。

未料，友人藤田尚弓先生發了這麼一封電子郵件給我。

「我知道您現在一定很忙碌。但是，如果您奇蹟式地在下列時間有空檔的話，有沒有興趣和我一起當惡女學研究會的離線聚會（offline meeting）的特別講師呢？我知道這封郵件很突然，不過還是想試著和你約約看！」

會議的時間訂於十月二十五日傍晚。我查看一下行事曆，發現當天必須寫稿，但沒有安排與特定人士會面，因此在時間上還有新增行程的彈性。

不過話又說回來，雖說時間上有彈性，但是之後還有場講座，必須安排時間準備資料，再加上即將在十二月出版的書籍截稿日期也迫在眉睫，到底該怎麼調整才能騰出時間呢？我對此狀況著實感到困擾。

這時，我突然想起已被擱置許久的書籍企劃一事。

很久以前，我曾主動向本書的責任編輯K先生提案：「如果出版一本專以女性讀者爲對象的數字概念書——傳授其如何利用數字概念來瘦身、存錢和妥善運用時間，您覺得如何？」

當時K先生回答道：「聽起來挺有意思的。請你先提出一份企劃書吧！」然而從那天談話至今，已經過了十個月。

突然，腦中一道靈光乍現。

「不如就將惡女學研究會的講座主題訂爲『幫助瘦身、金錢與時間管理的數學概念』！這樣一來，不但講座大綱可以直接做爲新書的企劃內容，省去了撰寫企劃書的時間，還可順便邀請K先生參加講座，方便他判斷書籍會不會賣座，也可以加速新書的討論進度呢！」

一個轉念，工作動力大大提升，我當下便決定接下新的講座邀約。

接下講座後，我開始思考如何調整工作排程最理想。

最後決定調整如下：在十月二十日以前完成單行本與雜誌稿的撰稿工作，接下來準備惡女學研究會的講座內容（詳見第三七頁表五）。

十月二十五日當天，惡女學研究會約有四十名成員參加講座，而且討論氣氛熱絡，演講非常愉快。

不僅如此，K先生當時的一句回饋：「這樣的內容實在有趣，不出成書實在可惜！」也讓本書得以順利出版。

坦白說，我在接到惡女學研究會的講座邀約時也很苦惱：「眞傷腦筋，機會難得但行程已經滿檔，到底是接或不接好呢？」但是，**經過巧妙的時間調配後，危機反而轉變為機會**。這讓我體悟到：原來機會常以危機的姿態找上門啊！

回顧自身經驗，我發現許多原本認定「時間這麼短，不可能的啦！」、「我又沒這方面的經驗，沒辦法吧！」的事情，只要肯花心思努力嘗試，往往都能化危機爲轉機呢！

惡女學研究會　研究員燦爛的每一天　http://ameblo.jp/akujyogaku/

■表五

（調整前的行事曆）

10月20日	10月21日	10月22日	10月23日	10月24日	10月25日
日經講座 最後討論	單行本- 撰稿	單行本 撰稿	單行本 撰稿	單行本 撰稿	單行本 撰稿

儘速完成單行本的稿子

10月26日	10月27日	10月28日	10月29日	10月30日	10月31日
日經講座 製作資料	日經講座 製作資料	日經講座 製作資料	日經講座 提交資料		日本實業 交稿
雜誌稿 準備資料	雜誌稿- 撰稿	雜誌稿- 交稿			

儘速完成雜誌稿

儘早完成單行本與雜誌的稿子，利用空餘時間準備惡女學研究會的講座內容

（調整後的行事曆）

10月20日	10月21日	10月22日	10月23日	10月24日	10月25日
日經講座 最後討論	惡女講座 準備內容	惡女講座 提交內容	日經講座 製作資料	惡女講座 練習	惡女講座

10月26日	10月27日	10月28日	10月29日	10月30日	10月31日
日經講座 製作資料	日經講座 製作資料	日經講座 製作資料	日經講座 提交資料	日經講座 練習 （前半）	日經講座 練習 （後半）

038

防止「三分鐘熱度」的小台階

前面幾節內容都在分享：如何增加自由與幸福時光的行程管理法。

但若提起行程管理上的困擾，大多數人恐怕會承認**再好的規劃也會敗在「三分鐘熱度」**！

「我要瘦身！」、「我要存錢！」儘管已經下定決心，結果往往不如自己預期。我過去在執行瘦身運動時也常常只是三分鐘熱度。

「凡事僅有三分鐘熱度，是因爲自己不懂得忍耐吧！」

我曾經一直抱著如此想法。

但是，對凡事僅有三分鐘熱度的真正原因，並非是個人欠缺毅力，而是忘了**為自己建造再向上一步的階梯**。

我曾在出社會工作後十年間胖了十公斤，詳細情形會在第二章描述。在那十年之間，我展開過無數次瘦身運動，但是都無法持續，一再復胖。當時，我總是將瘦身失敗的原因歸咎於無法「忍耐」吃東西的念頭。

直到兩年前，我開始採用「數字瘦身法」，才成功逃離復胖的命運。也是從那時候起，我發現復胖的原因並非無法「克制」吃東西的念頭，重點是重新審視自己，並為自己設計一套**無需忍耐的「機制」**。

或許，要持續克制想吃東西的念頭原本就是不可能的任務。使自己吃到發胖的關鍵原因，其實藏在我們的「心」中，而非身體。

舉例來說，工作忙碌或是人際關係不順利都會造成壓力累積。此時，消除壓力最簡單的方法就是享受美食或飲酒澆愁。

然而，在壓力來源沒有得到紓解的情況下，若一味地要求自己克制享受美食的念頭，遲早會讓自己開始厭惡節食這件事。

因爲，儘管理智上知道要克制美食欲望，內心卻不斷發出悲鳴，不是嗎？

所以，減肥最重要的一件事，是療癒自己。然後，再儘可能地爲自己訂做一套不會太勉強自己的瘦身計畫。

此外，每個人都有擅長與不擅長的事情。從事不擅長的事情時，如果我們不善待自己，更加無法堅持下去。對我而言，瘦身運動就是不擅長的事情。

即使面對不擅長的事物，累積每一步的努力也會逐漸往目標邁進，此時，若能以**具體數字清楚呈現成果，會讓人更開心並產生持續的動力**。

而預防「三分鐘熱度」的祕訣就在於：幫邁向目標的自己打造一座小階梯。

然後，設法讓自己在爬梯過程中不會感到厭煩，開心地享受過程。

舉例來說，飲用溫花草茶可以提昇身體的新陳代謝，對瘦身很有幫助。但儘管療效再怎麼好，每天喝同一種花草茶還是會讓人感到厭煩。

因此我在網路與食品店四處搜尋，幫自己找了各種口味的花草茶，每天依心情沖泡不同口味，使自己不會生膩，並養成飲用花草茶的生活習慣。

在此之前，瘦身對我而言曾經是很困難的一件事。

稍後我將在第二章分享「如何審視自我，找到適合自己的瘦身方法」。

專欄一　世界第一美女養成術

為了貼近本書主旨——專為女性撰寫的數字概念書，我曾瀏覽《anan》（magazine house）、《日經WOMAN》（日經BP社）、《牛角麵包》（magazine house）等女性雜誌，以及一些女性瘦身書籍，來幫助自己思考本書架構。

在眾多參考書刊中，由日本環球小姐國家教練伊納斯（Inés Ligron）所撰寫的《世界第一美女養成術》（magazine house）這本書讓我印象深刻。

原因是，書中所揭露的**日本環球小姐佳麗訓練法竟然和我在外商會計師事務所學習到的工作方法一模一樣**。

原來，通過初選的日本環球小姐候選佳麗必須接受為期六個月的短期訓練，學會如何展現出最美的自己。

因此，選美教練會協助佳麗擬定個人的選美策略，每位選手在結果揭曉前都要與時間競賽，不斷接受各種訓練，讓自己一日比一日更加美麗。

先訂定目標，然後訂定如何達成目標的策略，再將策略落實為具體行動，並從距離決賽的時間倒推，將具體行動方案一一分配到行事曆裡。這種規劃的概念，與我在外商會計師事務所所學習到的工作方法完全相同。

此外，日本環球小姐選拔首重人格特質。例如，二〇〇七環球小姐選美大賽中表現亮眼的森理世小姐即有以下人格特質。

「活潑俏皮又性感動人，擁有舞者的動感，談吐亦幽默風趣，隱約散發著日本人特有的典雅與楚楚可憐的氣質。而身為選美教練的我，其任務便是協助理世逐步發現自己擁有如上的人格特質。因為無法真正認識自己的人，便無法將自己的美發揮到淋漓盡致。」（節錄自《世界第一美女養成術》第一三七頁）。

誠如該書所言，每個人都擁有獨特的個性，若想要追求幸福，應當以適合個人人格特質的方法往目標邁進。

順帶一提，伊納斯教練認為：健康是美麗的泉源，也常提醒那些通過初選的日本環球小姐候選佳麗要「保持健康」。

此外，對於入選總決賽的佳麗，日本環球小姐選美大會也會提供專屬營養師，讓佳麗與營養師商討出最適合個人體質的營養菜單。

接下來，本書將在第二章介紹「數字瘦身術」。此方法雖然無法雕塑出有如環球小姐般的完美體態，但是與數字對話的瘦身方式，相信一樣能帶領讀者改善飲食生活、維持健康體態，以毫不勉強的自在方式達成健康瘦身目標。

第二章 「數字瘦身術」打造招喚好運的身材

有沒有光是盯著數字就能變瘦的瘦身術呢？

我與K君是自幼熟識的老朋友。

因爲彼此住得近，直到大學畢業以前，我們兩人經常結伴遊玩。後來由於彼此的工作忙碌，我又在東京工作，K君則是住在名古屋，自出社會以後兩人約有十年不曾見面。

直到數年前的一場小學同學會，我們再度相見。

「K君，好久不見啊！」

「實君（我的名字）。不會吧，你怎麼會變這麼胖？我記得大學時代的你每天

046

跑步健身，很注重身材不是嗎？怎麼現在會變成這副身材呢？」

「K君，我看你幾乎都沒變，是刻意瘦身的關係嗎？」

「是啊，我的確很注意身材，天天量體重，一發現體重上升，上下班時就強迫自己提早三站下車，用走路的方式瘦身。」

「原來如此。你真有毅力。」

「不這樣怎麼行。體重增加一旦超過三公斤就很難減了，所以一定要趁只超重一公斤時強迫自己每天走路三十分鐘，利用運動方式讓體重快速回復正常水準。實君啊，我看你再不注意身材是不行的。」

K君這一番話讓我領悟到：想要保持窈窕身材，一定得每日督促自己才行。在與K君重逢之前，我並沒有每天測量體重的習慣，只是偶爾往返健身房時會想到這件事。

與K君重逢的那一陣子我剛搬新家，也換了一間健身房。就設備而言，新舊健身房大致相同。

唯一不同的是，我開始養成在健身結束之後記錄每日運動內容與體重的習慣。

記錄一陣子以後，某日當我回顧健身記錄時有了重大發現。

「什麼，我竟然一點也沒瘦！」

的確，若進一步細想——「這星期有上健身房，所以去喝兩杯也無妨。」自己總是像這樣把上健身房當做免死金牌，健身後就開始大吃大喝。

原來瘦身會屢屢失敗的原因在於生活模式。

我的本業是會計師，專門根據財務數字對各公司提出建言。因此我設想，瘦身減肥這事應該也一樣，可以**根據體重數字的變化，規劃理想的瘦身方法**。

有了這個想法以後，我先回過頭仔細思考一個問題：「造成不斷復胖的原因究竟是什麼？」

不斷復胖的原因是什麼？

我在高中時代曾是田徑隊員，直到今日依然喜歡跑步。

在大學時代，我想吃什麼就吃什麼、想吃多少就吃多少，但是因爲每天都會跑步約三十分鐘，所以不易發胖。

當時，我並不需要依靠節制飲食來瘦身，只要增加運動量便能收到瘦身成效。

在我開始在新健身房做健身記錄以後，除了發現自己體重不減反增以外，另外一個現象也頗爲嚴重。

原來，有好一陣子我上健身房的頻率約爲每月三至四次而已。

的確，我只有在工作較空閒時才會一星期上兩次健身房；一旦忙碌起來，有時一個月裡一次都沒去。

其實我一直都有略微感受到，每次瘦身都以復胖告終的原因，或許和無法持續上健身房運動有關。

只是自以爲有上健身房就等於執行了瘦身運動，所以不曾深刻細想這個問題。

實際觀察瘦身記錄表之後，我立刻感覺到：「假如繼續用這種方式瘦身，恐怕想瘦也瘦不下來。」

一旦發覺某行動的結果不如預期，我們不應盲目地要求自己更努力，而是應當立即停下腳步思考：**目前所使用的方式到底對達成目標有沒有幫助**。

於是我開始認眞思考：爲何每次的瘦身運動都是重蹈覆轍，一再復胖？

接下來，我先估計每次上健身房運動所需要的時間，發現從回家到準備出門，再加上往返健身房的車程，一次健身至少佔了兩小時。

如此回推時間，假如我希望在下班後上健身房，至少得在七點之前完成工作。工作不忙的時侯當然做得到，可是一旦工作繁忙，當加班到晚上十點成為常態時，哪裡還有上健身房的時間。

換句話說，對我而言，藉由上健身房的瘦身模式，每年只有在工作較為清閒的那二至三個月的期間可以收到效果。

反過來說，在其餘為期約九個月的工作繁忙期，就會遭遇復胖的問題。如此瘦身模式重複實行十年，代價便是體重不減反增了十公斤。

藉此，不斷復胖的原因終於清楚浮現。歸根究柢，並非想要瘦身的意志力不足，而是學生時代的瘦身方法已不適用於出社會後的生活。

學生時代閒暇時間充裕，有很多時間運動，可以藉由運動消除贅肉。然而出社會以後，時間經常不夠用，贅肉成長的速度遠快於運動瘦身的的速度。

此外，出社會工作以後經常被工作追著跑，工作壓力之大不在話下。從早到晚埋頭苦幹沒有休閒時間的結果，使人容易想要藉由美食消除壓力。

儘管自己一開始便告誡自己要「克制」享受美食的衝動，最終還是會因爲壓力不出三日便破戒。

釐清問題之所在後，我決定改變瘦身方式。

試想，假如自己眞的很難「克制」藉由美食紓壓的念頭，**那麼藉由在日常生活打造紓壓的生活機制，或許就能達成瘦身目的**。

增加每日的紓壓時間，多花一點心思在飲食上，或許是能幫助自己瘦身成功的好辦法——最後，我決定朝這個方向規劃瘦身計畫。

這個瘦身計畫果眞奏效。

我個人相當愛吃巧克力與漢堡這類容易使人發胖的食物。可是自從我每天爲自己增加一些紓壓時間後，想要吃巧克力等食物的念頭果然鮮少出現了。

原來，口腹之慾與壓力之大小成正比——能有如此巨大的改變連我自己都大吃一驚。

那麼接下來，便開始爲各位介紹讓我成功的「**數字瘦身術**」。

幫助瘦身成功的五大要訣

瘦身計畫中，必須「忍耐」的部分比例應儘量降到最低。規劃一套讓自己願意持續的計畫，才是瘦身的首要重點。

接下來，就嘗試將自己的喜好，或是有助於瘦身計畫持續的事物列下來吧！

我的最愛

1. 肚子餓了就吃，不用克制。
2. 喜歡泡澡。
3. 喜歡按摩、做體操。

4. 喜歡喝咖啡、紅茶等飲料。
5. 喜歡睡覺。

我曾想，有沒有辦法兼顧上述五項喜好又瘦身成功呢？

不過說實在的，這樣的瘦身計畫好像太過寬鬆了（笑）！

但是，我決定運用在外商公司鍛鍊出來的能力，挑戰如何實現這個願望。

我常會藉由吃吃喝喝的方式紓壓。人的弱點通常很難改變。所以，爲了成功達成瘦身目標，必須設法**降低障礙門檻**。換個說法便是：爲了成功減肥，我必要爲自己建造能幫助自己往上爬的小階梯。

我曾經閱讀許多本瘦身書，在無數次的錯誤經驗中學習，最後終於在注意以下五項瘦身要訣後才瘦身成功。

1.利用數字檢視瘦身計畫的方向是否正確（詳見第五九頁）。
運用Excel表格記錄飲食內容、體重與運動內容等。

2.注意飲食內容（詳見第七二頁）。
因爲不想太克制口腹之慾，採用低胰島素瘦身法（Low Insulin Diet），也會注意不吃零食消夜。

3.提高身體代謝率（詳見第七七頁）。
採取能夠提高身體代謝率的洗澡方式與飲食。

4.保養身體（詳見第八六頁）。
身體不舒服會影響心情，所以平常藉由伸展操、伊格斯運動法、按摩腹部等方式保養身體。

5.增加睡眠時間。
在睡眠期間，身體會進行自我修復，所以要花心思讓自己擁有良好的睡眠品質。促進睡眠品質的方法包括：調整生活作息、聽可以放鬆心情的音樂、睡前泡澡等。

執行數字瘦身術的好處不僅能夠調整體態，還可以避免自己吃下過多食物，進而帶來「省錢」的附加效益。

不僅如此，開始注重飲食生活以後，比起想吃什麼就吃什麼的時期，更能感受到食物的美味。

好了，前言就說到這邊。接下來要正式介紹數字瘦身術。

何謂數字瘦身術？

所謂數字瘦身術，就是利用「視覺化」管理，讓自己清楚知道**吃了哪些食物、做了哪些瘦身活動，以及目前的體重數字**，並透過以上數據找出最適合的瘦身方法。

首先請各位參考第五九頁的數字瘦身記錄表。

該表由上而下記錄了飲食內容、瘦身活動與體重數字。

接下來，就請各位依照以下三步驟展開數字瘦身計畫吧！

步驟一、記錄飲食內容。

步驟二、記錄瘦身活動與體重數字。

■表一　數字瘦身記錄表

時間	10月13日	10月14日	10月15日	10月16日
1				
2				
3				
4				
5				
6				
7		香蕉		
8	早餐（傳統餐點）	麵包、起士	香蕉	
9				
10				
11				
12		苦瓜雜燴、糙米飯	五目飯、薑燒豬肉	法式炸鯛魚、菜根與豆皮煮物、沙拉、糙米飯
13				
14				
15	香蕉、魚肉香腸			
16			營養棒	
17	日式糕點			
18	茄汁旗魚、糙米飯、醃製小菜	照燒金眼鯛、什錦紅豆糯米飯、湯	炒豆腐、菜葉沙拉、糙米飯	
19				
20				香菇烏龍麵、鮪魚生魚片
21	橘子			橘子
22	蘋果、魚肉香腸			
23	納豆×2	香蕉、豆漿		
24		橘子、蘋果、香腸		
瘦身活動	泡澡二次、語調練習、健身房	泡澡三次、柔軟體操	泡澡一次、語調練習	泡澡一次
體重	68.4	68.2	68.0	68.2

步驟三、分析「數字瘦身記錄表」。

步驟一、記錄飲食內容

爲了促進瘦身效率，需要了解自己在什麼時候吃了哪些東西。剛開始實施數字瘦身計畫時，請詳細記錄飲食的時間與內容。即使一日累積的飲食份量相同，但是早餐所佔份量較多的人比較不容易發胖。此外，體重增加的情形也會因爲進食時間不同而有所差異。

步驟二、記錄瘦身活動與體重數字

有助於瘦身的活動有泡澡、做柔軟體操、上健身房等。舉凡有助於減少體重的活動皆可記錄下來。

如第三十頁之行事曆所述，十月十四日當天我一整天都在趕稿子，因此爲了轉換心情且兼顧瘦身，當天我一共泡了三次澡。

接著，請在記錄表的最下方欄位記錄當日的體重。

步驟三、分析數字瘦身記錄表

一面比較記錄期間的飲食內容、瘦身活動與體重數字，一面觀察體重是否呈現逐漸下降的趨勢，或是維持在目標體重。看到體重下降或持平就代表這個瘦身計畫是ＯＫ的。

相反的，假如發現體重向上攀升，則要分析其中有何不妥之處，重新檢視飲食內容與瘦身活動內容。

利用以上方式，與數字交手**所建立起的不增胖機制**，即是所謂數字瘦身術。

順帶一提，為了提高個人執行瘦身計畫的動力，建議各位選擇在一天之中體重最輕的時段測量體重。例如我會選擇在泡澡之後測量體重。

無論要持續任何活動，動力是最重要的。

建議各位可在數字瘦身計畫開始的第一日，嘗試在各個時段測量體重，觀察一日中的體重變化，找出自己體重最輕的時段。

數字瘦身術無需計算卡路里！

初聽到數字瘦身術，或許有人會誤以爲此計畫需要計算卡路里，會大量使用到數字。

計算卡路里對瘦身當然不無幫助。但我認爲有時間計算卡路里，不如將時間用來鍛鍊腹肌，更有瘦身效果。

我所謂的良好數字能力，是指達成目標所必須的最低限度數字的使用能力。

瘦身的目標並不是減少卡路里的攝取，而是減輕體重！

我在瘦身計畫中之所以不特意計算卡路里，除了怕麻煩，還有以下三項理由。

1.卡路里很難正確估計

假設，正在執行瘦身計畫的人應將每日攝取的卡路里量訂在一二〇〇大卡以內。但眞正困難的是，每種食物的卡路里要如何正確估計呢？舉例來說，某速食店的官方網頁上，光是漢堡，依種類不同從二五〇至八三〇大卡的都有，落差很大。

該速食店官方網頁上的卡路里資訊固然正確，然而，一般人在絕大多數的用餐場合，往往難以得知每種食物所含的卡路里數字。

假如沒有辦法正確了解每一份食物所含的卡路里，那麼一整天下來所攝取的卡路里統計便會出現相當大的誤差。

2.身體很快就會適應卡路里攝取減少

相信大家或多或少都有為了瘦身減少進食份量的經驗。那麼請各位回想一下，進食量減少所帶來的體重變化。

起初體重的確減輕了一些，似乎出現些微的瘦身效果，但是過不了多久體重便不再繼續下降，對吧？

原來，卡路里攝取減少的日子持續一陣子以後，我們的身體便會自動適應較低卡路里的生活，一段時間後，體重自然不會再繼續下降。

辛苦克制口腹之慾的人眼見體重不再減輕，可能會產生「再怎麼忌口也不會有效果」的想法，最後終於忍不住大吃大喝起來。

可是這麼一來，好不容易適應低卡路里飲食的身體，就會因爲卡路里攝取量增加而復胖。

當然，問題不在於降低卡路里攝取量，復胖的原因其實出在「克制食慾」。克制食慾的強烈意識最終會讓瘦身計畫難以持續。

3.均衡的飲食生活最重要

一份起士漢堡和兩顆蘋果的卡路里大致相同，約三〇〇大卡。然而，照常理思考，我們都知道吃兩顆蘋果比一份漢堡對身體與身材較有助益。

所以，儘管卡路里相同，不同食物帶給身體的影響也不同。

與其計較卡路里的多寡，還不如在飲食生活均衡上多費心，不是嗎！

雖然我強調數字瘦身觀念，但重點並非將卡路里數字視爲絕對，因爲相同卡路里的食物對體重增加的影響並不一樣。重要的是，**觀察數字對自身身體的影響**。

爲了不復胖，重點在於建立無需忍耐的飲食生活。例如我個人就是以低胰島素瘦身法爲基礎，搭配健康的飲食，終於成功避開復胖的命運。

要忍受飢餓不容易，但是要求自己在飢餓時以不易致胖的食物果腹並不難。

關於低胰島素瘦身法，本書將於第七二頁詳細說明。

體重總在遭到遺忘時悄悄增加

每天記錄體重能幫助自己對身體有新的發現。

我曾在測量年底與年初的體重之後，對自己的體重變化有了新的認識。

每到十二月，我的飲酒聚會總會比其他月份來得多。

以往我總是擔心飲酒聚會增加會帶來肥胖危機，後來發現十二月份的體重數字並沒上升多少，而大鬆了一口氣。

沒想到，才過完正月便發現體重激增兩公斤。

由於飲酒聚會過多，若是在十二月份變胖也是無可奈何，結果變胖的時間竟然是在一月份！我苦思不得其解。

直到檢視自己的數字瘦身計畫表，我才恍然大悟。會在一月份發胖，並非是一月吃了太多年菜的緣故，十二月份的數次飲酒聚會恐怕才是元兇。

瘦身難就難在這兒。

若人類的體重機制是今天大吃明天就變胖，那麼我們當然知道如何注意飲食。問題在於，**體重總是在被遺忘時悄悄增加**。

依據我的經驗，吃進身體的食物似乎會在兩週後長肉。

換句話說，「復胖生活」大約過了兩週以後便可見到體重增加。相反地，注意飲食、增加運動量大約也可在兩週之後顯現效果。

總之，**生活習慣的形成與體重之間存在著時間差**。

可是話又說回來，單純克制口腹之慾的瘦身計畫又難以持續。

因此，持續瘦身計畫的要訣在於**隨時觀察數字瘦身記錄表，甚至去了解什麼時候可以對自己睜一隻眼閉一隻眼**。

例如，我發現自己一週去飲酒聚會一次是沒關係的。此外，假如一週有兩次飲酒聚會，但若能增加健身運動一次，使卡路里達到平衡也就無妨。

在此提醒各位，一定要以樂觀的態度看待數字。

諸如「要忍耐不使體重增加」的想法，很容易使維持瘦身計畫變成一件不開心的事情。因爲吃是人生的一大樂趣。

所以，想瘦身的人請隨時與數字交手，了解自己可以吃多少但不會發胖，並在吃過頭後提醒自己用運動或泡熱水澡等方式調整，利用數字幫助自己找到能夠樂在瘦身的關鍵吧！

「紓壓」才是數字瘦身術的關鍵字

本節要說明如何實踐數字瘦身術。

從「紓壓」想法出發，是數字瘦身術的重點。

在沒有壓力的情況下，「食慾＝胃部空間」，人體只要攝取所需的食物份量便能獲得滿足。但是，一旦處在壓力累積的情況下，就變成「食慾≠胃部空間」了。

壓力型肥胖的人是「食慾＞胃部空間」，過瘦的人則是「食慾＜胃部空間」。但無論哪種體態，皆是身體狀態與食慾無法平衡所致。

我個人只要一處在壓力情境下，便會變成「食慾＞胃部空間」，進食量超出身體所需的食物量。

當身體產生想大量進食的念頭，只是逼迫自己而不採取行動是沒有幫助的。

要使瘦身計畫推行成功，我們必須**正視自己的壓力來源**。

因此，數字瘦身術首先講求紓解壓力，其次才是重新檢視飲食習慣與增加能提高身體代謝率的活動。

至於紓壓方式，舉凡吃以外的活動都可以。每個人需求的紓壓方法不同，只要選擇自己最喜歡的活動即可。

我最喜歡利用「泡澡」與「睡覺」兩種方式紓壓。

泡熱水澡不僅能紓解壓力，同時還能提高身體代謝率，對瘦身很有幫助。此外，在浴缸中閱讀可以提升自我，對賺錢也有幫助。

可是，只在自家浴缸泡澡，長久下來也會生膩。

當感覺膩了，偶爾去外面泡湯也是不錯的選擇。

睡眠對紓壓同樣大有幫助。

優質的睡眠非常重要，而睡前儘量放鬆是獲得優質睡眠的祕訣。

例如我習慣在睡前以泡澡、聆聽紓壓音樂的方式放鬆身心。

至於紓壓音樂，除了海浪聲或潺潺溪流聲之類的自然天籟以外，只要能使自己放鬆，流行音樂也無妨。

順道一提，野口嘉則所著的《心眼力 溫柔燃燒的三十則智慧》（Sunmark出版）一書所附贈的CD也非常具有放鬆心靈的效果。

不只是瘦身計畫，在實行任何計畫的過程中都很有可能產生半途而廢的念頭。

這時，請記得**別一味苛責自己不夠忍耐，不妨回過頭來問問自己：「是不是心靈感到疲倦了呢？」**

累了就稍事休息吧！等待心靈恢復元氣再重啓腳步邁向理想未來也無妨。

瘦身飲食的三大重點

我過去曾有數次要瘦身的念頭，但總因爲捱不住飢餓感而開始厭惡必須減少食量的生活。

於是我開始想辦法研究各種不需要減少食量的瘦身方法。

最後發現，只要**顧及「均衡飲食」、「以水果當作飯後甜點」、「以不容易致胖的食物當零食」三大要點，便能成功建立維持體態的飲食生活。**

1.均衡的飲食生活

我曾閱讀眾多瘦身指南，企圖尋找不用減少食量也能瘦身的有效方法，最後找到了「低胰島素瘦身法」。

所謂低胰島素瘦身法，就是食用能降低胰島素分泌的食物，以便在無需減少食量的情況下達成瘦身效果。

而有助抑制胰島素分泌的食物，即是一些精緻度較低的食物。例如，糙米比白米不精緻，選擇全麥麵包而非一般土司，或是選擇蕎麥麵而不是烏龍麵。其他如蔬菜水果、堅果、菇類、豆類、魚肉類等加工程度低的食物，也是不容易造成胰島素大量分泌的食物。

對於想要更詳細了解低胰島素瘦身術的讀者，我推薦以下書籍。

《如何持續低胰島素瘦身計畫》（ＨＳＬ健康科學研究所所長　永田孝行監修／新

星出版社）

此外，著名的瘦身顧問伊達友美的書也很值得參考。

《想瘦就要吃》（伊達友美著／幻冬舍）

《半夜十一點後進食也不會胖的方法》（伊達友美著／WAVE出版）

伊達女士的瘦身方法不僅注意卡路里的攝取，也很注重營養均衡，是能兼顧健康與美麗的瘦身方法。

飲食方面，伊達女士建議以健康的日本料理爲主，例如生食、發酵食品、豆類製品、湯品等。

話雖如此，我個人在吃方面不喜歡處處計較，能做到的程度頂多只是少吃漢堡、炸薯條等容易致胖的食物，多增加健康料理而已。

2.以水果當作飯後甜點

我開始養成飯後吃水果的習慣。瘦身指南常說「吃八分飽」是瘦身祕訣，但對我來說，吃到八分飽就停口並非容易之事。

但是，我還是讓自己正餐吃到八分飽便停止，然後開始在飯後食用蘋果、柑橘、葡萄等水果。

其實，飽足感並不會在進食後立刻產生，需要間隔一段時間才會有感覺，相信各位多少有過這樣的體驗。

因此，建議各位不妨在用餐完畢後先將碗盤收拾、洗淨，接著準備水果。差不多到了水果準備好的時候，飽足感就會出現，而那時廚房也收拾得乾淨清爽了。

3.準備不易致胖的食物當零食

進食後經過一段時間，我們便會開始感到飢餓。由於飢餓狀態容易使人焦躁，所以建議各位餓了不要忍，就去吃吧！

但是，這時千萬要把握一項原則：請爲自己準備不容易致胖的食物。例如我個人習慣準備水果、堅果、納豆或豆漿，以及營養棒等不會導致胰島素大量分泌的食物（不易致胖的食物）作爲零食。

以前我有在家擺放一些餅乾、巧克力、冰淇淋等食物當作預備零食的習慣，但是後來發現，只要手邊有食物，通常都會把它吃得精光。

現在，我改買不易致胖的食物，至於冰淇淋、巧克力等高卡路里零食則是等到想吃的時候才直接去超商購買。這麼一來，由於半夜還要出門很麻煩，自然就減少了高卡路里甜點的攝取了。

提高新陳代謝來加速體重下降

注意飲食固然可逐漸減輕體重，但若能想辦法**提高新陳代謝率，則可加速體重下降的速度**。因此我經常藉由補充水份、運動、泡熱水澡等方式，設法提高身體的新陳代謝率。

1. 補充水份

飲用熱飲可以溫暖身體，進而提高身體的新陳代謝率。

我喜歡無負擔的熱飲，包括：胡椒薄荷茶、薑汁檸檬茶、玫瑰果茶等花草茶。

瘦身計畫之所以容易半途而廢，往往是執行者無法克制食慾或對計畫感到厭倦所致。

喝熱花草茶的習慣雖然沒有「必須克制食慾」的問題，卻可能面臨「厭倦」的問題。爲了不使喝花草茶的習慣生膩，偶爾更換新口味以維持興致很重要。所以我經常爲此上網或逛一些進口食品商店，多方尋找適合自己的花草茶配方，以維持喝花草茶的習慣。

此外，之前提到的《世界第一美女養成術》一書中，也建議想瘦得美麗的人飲用硬度較高，即鈣與鎂含量較高的礦泉水。該書作者伊納斯小姐本人似乎習慣每天飲用兩公升的礦泉水。

2.運動

想要提高身體的新陳代謝率，運動當然是最好的辦法。我自己一有時間就會到健身房跑跑步，可惜運動時間愈來愈少令人苦惱。

後來我決定在無法上健身房的日子改在家中做柔軟體操，藉由體操保養身體。詳細情形會在第八六頁敘述。

單憑運動或許較難達成瘦身目的，可是運動具有紓解壓力、促進健康的效果，因此我會利用行事曆設法增加運動時間，哪怕只增加一點點也好。

3.泡熱水澡

由於運動時間難以取得，所以我對如何泡澡這件事開始下工夫。延長泡熱水澡的時間能提高體溫，提升身體的新陳代謝率。

此外，看書或看電視容易讓人邊吃餅乾或巧克力等甜食。建議各位，這念頭一旦興起，不妨就合起書本或關掉電視，改去泡泡熱水澡吧！

一般人在泡完熱水澡後通常不會想吃重口味的食物，而是傾向口味清淡的食物。

建議各位，不妨在泡澡後喝杯熱花草茶、吃點水果，這也是人生一大享受呢！

下一節便要爲各位說明：如何利用泡澡瘦身。

享受泡澡兼顧瘦身

拉長泡澡的時間或增加泡澡次數可以提高身體的新陳代謝率。

而爲了有效利用泡澡時間，我習慣一邊泡澡一邊進行語調練習、看書、讀資料或是聽音樂等活動。

1.語調練習

由於近來在大眾面前說話的機會增加，爲了使自己的口齒更加清晰流利，我決定展開語調練習。

語調練習不僅能使口齒更清晰流利，還有意想不到的附加效果，那就是因臉部與腹部的肌肉運動帶來的瘦臉與瘦腰效果。

原本只是爲了練習口齒清晰，培養流利的說話能力，自從發現語調練習還兼具瘦臉與瘦身效果以後，我便積極利用泡澡空檔做此練習。

順帶一提，我曾將以下書籍所附贈的CD轉檔至iPad後利用防水喇叭播放，邊聽邊做語調練習。

《改變人生與命運的聲音養成術　隨書付CD有聲書：掌握自己的說話聲響》（楠瀬誠志郎著／雜誌屋）

《世界最簡單的自我改變法　隨書付CD有聲書：訓練語言與聲音的七項習慣》（白石謙二著／森林出版）

2.看書、讀資料

在準備會計師執照考試的時期，我爲了增加看書時間，會將需要背誦的資料放入塑膠資料夾帶到浴室，一邊泡澡一邊背資料。

利用泡澡時間背資料不但有助心情轉換，還能因延長泡澡時間帶來瘦身功效。

最近，只要有時間，我就會想泡到浴缸裡去看書。

但是一直用手拿著書很容易引起肩頸酸痛，因此我在浴缸邊放了泡澡用書架方便閱讀。

此外，長時間泡澡會引起口渴，所以準備礦泉水補充水份也很重要。

有關泡澡用書架商品可參考：http://edisonworld.jp/

3.聽音樂

泡澡時間，精神好的時候我會做語調練習或看書，假如已經感到疲倦或只是想要放鬆，便會用iPad放音樂來聽。

我習慣隨心情播放不同的音樂。想要紓解壓力時，我會選擇播放以下書籍所附贈的ＣＤ來聽。

《滋潤心靈的靈氣鋼琴曲　隨書附贈ＣＤ有聲書：改變成幸運體質》（橋本翔太著／綜合法令出版）

《聽五分鐘就能帶來好運的靈氣鋼琴曲　隨書附贈ＣＤ有聲書：瞬間轉變心情》（橋本翔太著／綜合法令出版）

這兩本書所附贈的ＣＤ不但收錄優美的鋼琴樂曲，還收錄海浪、雨聲、潺潺流水等大自然的聲音，能讓身心徹底放鬆。

除了聽音樂，收集入浴劑、洗髮精、潤絲精等沐浴用品也可增加泡澡的樂趣。

順帶一提，網站「湯之國Web」也有介紹泡澡方法、各種泡澡用品等教人如何享受泡澡樂趣的資訊，有興趣的讀者不妨參考。

湯之國Web　http://yunokuni. com

保養身體

想要快樂地瘦身，保養身體很重要。

我習慣以柔軟體操、伊格斯運動法、腸道按摩操等三種方式保養身體。

1.柔軟體操

肩頸酸痛、肌肉緊繃會造成頭痛或失眠，損害身體健康。

爲了減緩肌肉緊繃，我習慣在泡澡結束後，趁著肌肉恢復柔軟的時候做柔軟體操。

每天持續後，發現身體愈來愈柔軟，因此我對柔軟體操也更感興趣。

2.伊格斯運動法

長時間湊在辦公桌前辦公容易因長時間以不正姿勢使用身體而使身體歪斜。所謂伊格斯運動法，即持續藉由簡單的體操緩解歪斜體態的運動。我自從做伊格斯運動法以來，腰部肌肉僵硬、疼痛的現象已經獲得大幅改善。在此建議有腰痛困擾的讀者不妨試試伊格斯運動法。

《緩解疼痛效果出奇的伊格斯運動法》（皮特・伊格斯著／越山雅代監修、翻譯 KK Longsellers）

3.腸道按摩操

做腸道按摩運動可以促進排便正常，幫助廢物排出體外。將廢物排出體外不但可減輕體重，還可減輕身體的多餘負擔，皮膚會變好，也可以消除水腫。

此外，緊張容易引發腹痛。因此有一種說法是：壓力會累積在腹部。輕柔按摩因壓力而緊繃的腹部可以紓緩身心。我經常一面觀賞下列書籍所附贈的ＤＶＤ，一面學習腸道按摩運動。

《一分鐘練成葫蘆腰！　隨書附贈ＤＶＤ：簡單上手的腸道按摩瘦身術！》（砂澤佚枝著／森林出版）

有關數字瘦身術的介紹至此告一段落。

數字瘦身術強調一面與數字交手，一面尋找最適合自己的瘦身方法，各位無須要求自己對本書所提供的瘦身方法照單全收，只要從中挑自己有興趣的部份施行即可。

無法持續的瘦身計畫是沒有意義的。假如開始感覺瘦身方法非常無趣，那麼請增加紓壓活動的時間，讓心情休息吧。

人生之路漫長，因此一時不見瘦身效果也無須焦急，只要持之以恆，終究會實現理想的體態！

專欄二　開創未來的讀書術

我認為讀書的好處有二。

其一：可以提升動機。

我的偶像是大聯盟棒球好手鈴木一朗，舉凡與鈴木一朗有關的書我都很有興趣。兒玉光雄的著書《鈴木一朗式思考》（東邦出版），曾出現這樣一段話：「結果就是，只有從細節不斷累積才能登上顛峰，除此之外別無他法。」這是在打破喬治・西斯勒（George Sisler）的單季最高二百七十五支安打記錄之後，鈴木一朗對於記者提問「締造輝煌記錄祕訣」所做的回答。

讀了這一段話，了解就連鈴木一朗這樣擁有天份的人都肯定從細節處累積的重要性，不禁讓我心中充滿喜悅。

我曾以「上健身房」、「減少食量」等普通的方法來瘦身，結果飽嘗失敗。

最後，藉由「泡熱水澡」、「低胰島素瘦身術」、「熱飲花草茶」、「腸道按摩運動」等方式從生活細節不斷累積努力才瘦身成功。

讀書的好處之一是：**可以找到最適合自己的目標達成法**。

我有好長一段時間無法好好地瘦下來。直到發現「低胰島素瘦身術」、「伊格斯運動法」、「腸道按摩運動」等方法才成功。

當然，光是讀書是不會有效果的，**付諸實際行動才能收到效果**。

一本書的價值，會因每位讀者的實踐能力而異。

因此，若各位覺得本書有哪部分可提供幫助，就請儘量去實踐吧！

同時也提醒各位，在行動的過程中要隨時與數字對談，確保自己正朝目標邁進！

第三章　實現願望的「現金流量表」

富人共有的金錢觀

各位對有錢人的印象是什麼呢？

除了「吃大餐」、「全身名牌」，或許有些人的腦海中還會浮現「用錢吝嗇」這個印象。

就我個人的經驗，**富人擁有共通的金錢觀。在此列出三點。**

1. 確實掌握財務狀況

「買棟別墅來住吧」、「這款高級名牌品最能彰顯您尊貴的身分地位了」。愈是有錢，類似的誘惑愈多。因此若不精打細算，確實掌握自己的財務狀況，有錢人的荷包是很危險的。

一些大家認定的有錢人會突然爲錢所困，其原因通常無關收入減少，而是敗在金錢使用不當。

所謂確實掌握財務狀況，是指隨時關心「現金流量」與「當下有多少錢（財產）」，利用數字清楚管理。

而不擅長管理錢財，或是財產過於龐大的有錢人，通常傾向僱用會計師或稅務師等財務專家協助理財。

2.用錢有道

財務上有餘力的人通常用錢很有原則。而他們的原則通常是：自己認爲有必要的東西，會毫不遲疑地掏錢購買；自己認爲沒有必要的東西，則絕不會浪費一分一文。而一般人對有錢人的吝嗇觀感，即是由後者而來。

我認爲有錢人的出發點並非節約，「不浪費金錢在不符合自己的價值觀的事物上」才是多數有錢人的用錢原則。

3.掌握世界脈動，不斷思考如何致富

有錢人經常以較宏觀角度觀察世界的經濟脈動，並隨時思考如何致富。舉例來說，新聞報章有時會報導「原油價格出現上漲趨勢」的消息。

一般民眾聽到這消息可能只會覺得「瓦斯費、電費，所有物價都要跟著漲價了，眞討厭！」

但有錢人的思考模式卻是「原油價格將上漲，代表往後原油廠商利潤看漲，先買些原油公司的股票吧！」像這樣，以**「宏觀視點看世界經濟脈動，並思考如何致富」**。

閱讀至此，即使已經了解富人共有的金錢觀，但是即使和有錢人做一樣的事，恐怕也不會太順利。

想要成爲有錢人，需要擁有「強韌的精神」、「金錢方面的知識」、「人脈」等條件，並有效地結合以上優勢才行。

接下來，將用以下三觀點，說明如何培養**富人所擁有的用錢習慣**。

步驟一、以長遠的視野管理現金流量。

步驟二、培養不做無謂花費的習慣。

步驟三、思考開拓財源的方法。

與金錢打交道的重點在於，將時間軸拉長以長遠的觀點來管理現金流量。

接下來要依序說明與金錢交手的祕訣。

步驟一、以長遠觀點管理現金流量

首先要先問一個問題：我們是爲了什麼目的管理金錢呢？妥善管理手頭上的金錢，是爲了能夠購買一些自己想要的東西，對吧？換句話說，當我們想要什麼物品時，便會思考如何**規劃金錢，才能隨心所欲地利用金錢購取想要的東西，讓它視覺化**。

對錢財的「視覺化管理」，除了利用家庭帳簿記帳以外，製作「現金流量表」**通盤了解未來的金錢使用情形更為重要**。

現金流量表以下列順序來製作。

1. 計算單月收入與支出表（分析目前的現金流量）。
2. 製作現金流量表（了解未來的現金使用量）。
3. 整合存摺餘額與現金流量表（掌握目前有多少財產1）。
4. 製作包含投資與存款餘額的財務表（掌握目前有多少財產2）。

1. 計算單月收入與支出（分析目前的現金流量）

首先要做的事情是分析目前的現金流量。

已經有在使用家庭帳簿的讀者，直接參考帳本即可。

尚未養成此習慣的讀者，請拿出電費等繳費單據做統計，大概了解一下現金用量。

第一步驟之所以要計算單月的收入與支出數字，目的是爲了要了解未來的現金流量，因此數字不是很精確也無妨。

2.製作現金流量表（了解未來的現金使用量）

掌握單月現金流量之後，接下來便要以相關數字爲基礎，製作現金流量表。

本書在此爲各位示範以十月爲始的半年度現金流量表（請參考第一〇一頁表一）。

現金流量表分爲「收入」、「支出」、「餘額」三部分。

首先請參考十月份的欄位。

由於收入部分有薪水三十萬日圓，支出部分唯生活費二十二萬日圓與定期儲蓄三萬日圓，因此十月「當月收支」爲「正五萬日圓」。而十月初的存款餘額爲九十五萬日圓，到了十月底增加五萬日圓，因此十月底的餘額爲一百萬日圓。

接著再依相同方式，繼續參考十一月份的數字。收入部分有薪水三十萬日圓。

■表一　現金流量表

（單位：萬日圓）

		10月	11月	12月	1月	2月	3月
收入	收入						
	薪水	30	30	30	30	30	30
	獎金			60			
	收入合計	30	30	90	30	30	30
支出	支出						
	生活費	22	22	22	22	22	22
	定期儲蓄	3	3	3	3	3	3
	海外旅遊		20				
	家電購置			15		10	
	服裝				10		
	其他						10
	支出合計	25	45	40	35	35	35
餘額	當月收支	5	-15	50	-5	-5	-5
	月初餘額	95	100	85	135	130	125
	調整						
	月底餘額	100	85	135	130	125	120

支出部分有生活費二十二萬日圓、定期儲蓄三萬日圓、海外旅遊預計支出二十萬日圓，合計四十五萬日圓。

因此，十一月初的餘額雖然有一百萬日圓，可是到了十一月底可能就得減去十五萬日圓。

依上述方式將未來每個月的預定收入與預定支出一一列出，便可將未來的現金流量的變化轉爲「視覺化」的資料。

由以上現金流量表可知，個人希望在十一月份進行海外旅遊，希望在十二月份購置冰箱，這並不是信口開河，因爲十二月份就有一筆獎金會進來，是對實際的現金流量有所概念之後所做的計畫花費。

3.結合存摺餘額與現金流量表（掌握目前的財產1）

讀者中應該有人已經養成習慣利用帳簿記帳。可是有記帳習慣的人之中，會去確認每月餘額的人又有幾位呢？

家庭帳簿記錄了家中每月使用的金額，這些經過計算的數字，不一定與實際的現金流吻合。

因此建議各位，每月一次到往來銀行刷款摺，以確認存款餘額，掌握現有的資金情形。

有些銀行，針對存款達一定金額以上的存戶，每月會提供免費寄送「綜合對帳單」的服務。由於對帳單的內容便包含當月每筆進出資金明細與月底餘額，因此享有該服務的讀者也可直接利用。

有關整合存款簿餘額與現金流量表時所需的方法，將於第五章「規劃理想的人生藍圖」（請參考第二〇五頁）中說明。

4.製作包含投資與存款餘額的財產餘額總表（掌握目前的財產2）

若除了普通存款以外，自己並無其他方面的資金運用，那麼資金管理工作便可在確認完存款簿餘額告一段落。假如還有利用定期存款或信託投資等其他金融商品，則建議要定期製作財產餘額總表。

有從事定期存款、外幣、信託投資等資金運用的讀者，請參考第一〇五頁表二的十月底的財產餘額總表。

順帶一提，我習慣每月撥出固定金額做定期存款或信託投資。在不勉強的條件下，撥出一筆金額做定存或投資，並且在有額外獎金等臨時收入時彈性增加儲蓄或投資金額，是存錢的最佳捷徑。

表二最上列爲普通存款餘額一百萬日圓。這個數字與現金流量表中的十月底餘額一致。接下來，再加進十月底時的定期存款、外幣存款、信託投資等數字資料，

■表二　產餘額總表（時間：十月底）

（單位：萬日圓）

種類	金額
普通存款	100
定期存款	50
外幣存款	100
信託投資1	150
信託投資2	100
合計	500

便可做成十月底的財產餘額總表。

由於外幣存款、信託投資等財產價值隨時會變動，因此有必要定期確認正確的餘額。有關財產餘額總表的製作頻率，建議以每月一次爲宜。假如認爲每月製作一次太麻煩，至少也要每三個月製作一次。

本書將在第五章詳細說明現金流量表與財產餘額總表，各位目前只要先對這兩種財務報表存有印象即可。

接下來，要繼續爲各位介紹：增加財富的方法。

增加財富的重點並非花費大量精力在節省眼前的零星費用上，而是要注意以下兩件事。

第一，**以長遠觀點檢視現金流量，養成不做無謂花費的習慣**。

第二，**設法增加收入，增加現金流量**。

下一節要和各位分享如何避免無謂花費，以及開拓財源之道。

步驟二、養成避免無謂花費的習慣

1.注意金錢的使用方法

貨比三家可以以較低價格購入想要的物品，但是過度比較卻會浪費太多時間。因此，爲了兼顧時間與金錢雙方面的效益，我以三大原則來避免多餘的浪費。

(1)動用大筆資金時格外留意

以買一盒雞蛋爲例。假設A超市的售價是二百四十八日圓，B超市的售價是一百九十八日圓。

單純就售價而言，在B超市購買可以節省五十日圓。但是，假如從尋找B超市所花費的時間與勞力成本來思考，那麼專程跑到B超市去買一盒雞蛋是否比較划算就成了值得玩味的問題。

再舉購買電漿電視爲例。假設A家電量販店的售價是二十萬日圓，B家電量販店的售價是十八萬日圓。

比價結果是在B家電量販店可以足足節省兩萬日圓。這時，事先利用網路等資訊比較價格，尋找便宜的商店就成了必備功課。

俗話說聚沙成塔，每天一點一滴地節約確實重要。

不過，假如購買一台便宜的電漿電視可以省下兩萬日圓，那麼以盒裝雞蛋的價差來計算，「2萬元÷50元＝400」，要買滿400盒才能達成相同的金額。假設每週只購買一盒雞蛋，那麼得耗費八年才會做到。從這個角度來看，要動用大筆金錢時愈是需要審愼評估！

(2)特別記錄最好不要花費的款項

在執行瘦身計畫的時候，一定要設法少吃甜點、少喝飲料等容易發胖的食品。

我不曾爲了瘦身計算過食物的卡路里，而寧願花工夫在甜點或果汁的**金額記錄**。假設每天花費在零食的金額平均爲三百日圓，那麼連續一個月下的花費便高達九千日圓。

「什麼！我不只讓自己變胖，還花掉這麼多錢！」

發現自己因爲零食而吃進卡路里九千大卡或許不會覺得痛苦，但是了解自己因爲吃零食而花掉九千日圓時，通常是會心痛的。

所以，記錄零食或果汁等零食的花費金額，不僅能促成瘦身效果，還能節省荷包，眞是一石二鳥的好習慣！

(3)**購買NG商品**

NHK頻道有一個節目叫做「地方的潛力」，該節目曾報導某次青森縣種蘋果的果農慘遭冰雹襲擊而損失慘重的新聞事件。

由於一般水果銷售通路相當重視水果外表，因此遭到冰雹損傷表面的蘋果通常無法透過正常通路販售。想到辛苦栽培數月終於收成的蘋果農深陷困境，又想到蘋果因表皮受損而遭丟棄報廢未免可惜，我決定在網路上搜尋看看是否買得到表皮受損的青森蘋果。

後來，果眞找到了因表皮瑕疵而做促銷的青森蘋果，買回家品嘗後發現滋味一樣甜美！

我曾用網路搜尋關鍵字「NG商品」，發現除了蘋果以外，還有多種蔬菜水果等食品也會因爲外觀損傷或形狀不良而做特價促銷。

只要打上關鍵字「NG商品」，網頁便會列出許多促銷商品，有興趣的讀者不妨試試。

2.儘量避免使用信用卡

想要培養避免無謂花費的習慣，除了留意購買方式、了解何種商品要在何處地方購買較划算，還得留意付費方式。

許多讀者有使用信用卡付費的習慣，但是基於以下三項理由，建議大家盡量避免使用信用卡。

(1)用信用卡付費較無感

以購買一套十萬日圓的西裝為例，假如從錢包掏出十萬日圓現鈔付費，那麼當下肯定會有「花好多錢」的感受。假如是利用信用卡付費，付費時恐怕只有「想要的東西到手了」的喜悅，對於金錢減少一事不痛不癢。

另外，從錢包實際掏出十萬日圓現鈔付費的人，通常會提醒自己：這個月往後的日子得好好節儉了。而抽出信用卡付費的人，由於缺乏具體的花錢感受，通常不會影響往後的用錢態度。

(2)日後才知存款減少

我最不喜歡用信用卡付費的理由是：日後才赫然發現存款減少。在利用信用卡消費的場合，該筆消金額常要到一至兩個月以後才會扣款。

就我而言，掏現金買西裝時，存款餘額立即減少十萬日圓的感受是可以接受；相反地，事隔一至兩個月以後，該西裝可能都先鮮少穿上了，才發現銀行存款少了十萬日圓，這種感覺一點也不愉快。

購物後，可能過一陣子又會興起添購其他用品的念頭。

可是，等到下次想消費的時候才驚覺銀行存款已經少掉十萬日圓，這時只好告誡自己「雖然很想買，但這個月還是儘量節約吧」，這種狀況著實令人沮喪。

(3)僅繳納最低應繳金額（分期付款）會產生循環利息

在買完商品一至兩個月後驚覺銀行存款減少而心情沮喪的人，至少還會有切實感受。

信用卡繳費方式中「僅繳最低應繳金額」最恐怖之處在於：被扣了循環利息卻毫不自覺。所謂繳納最低應繳金額，即在信用額度以內，不管購買商品的次數與金額多寡，每月僅支付一筆固定金額即可的償債辦法。

因此，無論購買十萬日圓或二十萬日圓的西裝，每月所支付的金額都是一樣的，只是消費二十萬日圓的償還期間比較長而已。問題是，僅繳納最低應繳金額的償債方式必須對尚未繳清的借貸部分支付循環利息，且年利息高達百分之十五左右。（註：台灣約爲百分之十二至二十，各家銀行不同。）

假如信用卡的未繳金額平均爲三十萬日圓，那麼一年下來就必須支付利息四萬五千日圓（30萬日圓×15％）。想想如果省下這四萬五千日圓，可以買幾套新衣服、吃幾次大餐了（有關信用卡的循環利息計算方法，各發卡銀行之間有若干差異，詳細資訊請參考各發卡銀行網站上的說明）。

基於以上三大理由，除了網路購物以外，我會儘量避免使用信用卡付費。

一樣的錢財，因使用方式不同而有不同的價值。例如拿錢去上課進修等於投資自己的未來、花錢去海外旅遊是犒賞辛苦工作的自己……這些都是很有價值的消費。

只是，與其動用卡債增加未來的負擔，還不如等到存夠錢以後再去做這些消費，花錢會花得更開心！

3.留意優惠券的限制條件

英文補習班等地方常以「購買的上課堂數愈多，平均每堂課的費用就愈便宜」的優惠方案做促銷。可是，這樣的優惠方案真的有比較划算嗎？

以下讓我們以實際數字來進行分析。假設某英文會話補習班上課券的銷售方案有A、B、C三種。

A……十張三萬日圓（平均每張三千日圓）

B……三十張七萬五千日圓（平均每張二千五百日圓）

B……五十張十萬日圓（平均每張二千日圓）

※優惠條件：有效使用期限爲自購入日起半年。

請問各位會選擇哪種方案呢？

A方案的一張上課券要價三千日圓，C方案的一張上課券要價二千日圓，因此從平均價格來看是C方案最划算——這是絕大部分消費者會有的想法。

可是再認眞想想，C方案眞的最划算嗎？

我們該注意的地方是：C方案的每張上課券雖然僅要價二千日圓，卻得一次購買五十張，而且有**使用期限**。

購買C方案的人會在購買當下感到划算，可是眞正划算與否，不到使用期限終了那天恐怕不得而知。

假如購買了C方案，卻在有效使用期限內只使用了三十張上課券，那麼所使用的上課券平均價格便等於三千三百三十三日圓（10萬日圓÷30張），結果比每張券三千日圓的A方案還貴！

我雖然沒有購買過英文會話補習班上課券，倒曾有過數次購買預付卡最後卻造成浪費的經驗。

經過幾次教訓以後，我決定在沒有把握於期限之內用完優惠卷的情況下，我會要求自己選擇最少券數的方案。

再舉另外一個類似概念的例子。部分去星巴克咖啡店的消費者認爲購買大杯比較划算，事實眞是如此嗎？

以星巴克咖啡店的濾泡式咖啡爲例，小杯（二百二十毫升）要價二百九十日圓、中杯（三百五十毫升）要價三百四十日圓、大杯（四百七十毫升）要價三百九十日圓（二〇〇九年六月之價格）。的確，假如以每毫升平均價格來看，小杯爲一・二日圓、中杯爲一・〇日圓、大杯爲〇・八日圓，因此大杯最爲划算。

但我在星巴克咖啡店最常點中杯咖啡，理由是中杯的份量剛好能滿足自己，另外一個原因則是：大杯比中杯貴五十日圓，貪小便宜的結果反而會使自己支出額外花費！

購買大杯雖然在平均價格數字上有比較划算的感覺，但是就各層面而言，購買大杯是否眞的比較划算則有待商榷。

要避免無謂花費，重要的是以眞正付出的金額來思考，養成不購買多餘物品的習慣。

4.「打掃」工夫有助儲蓄

打掃工作具有**減少浪費**的附加效果。

各位是否曾有過類似經驗：趁換季時添購新衣，卻買到和往年雷同的款式，而且這種經驗不只一次。

我過去便是如此。

「這件衣服眞好看！」買回家以後卻發現，衣櫥或收納箱裡早有類似款式的衣服。仔細比對當然可以找出新舊款之間的些微差異，可是看在他人眼中就是兩件款式相同的衣服。

爲了預防這種失敗經驗一再重演，我開始規定自己：每年要上街購買春裝之前，必須先把家中衣櫥內的春裝整理一次。

自從養成查看衣櫥再上街購物的習慣後，我成功避免了重複購買所造成的金錢浪費。

提醒各位，不愛整理家務的人必會發現自己東西**愈買愈多**，**荷包愈來愈瘦**。因爲工作的緣故，我買書的次數比一般人多，可是卻也因爲工作忙碌而無暇看書。

更糟糕的是，先前買的書都還沒看完，看到類似的新書上市又會將它買回家，而且這樣的事情一再發生。

現在，我決定每兩個月整理一次書架，以及封箱的舊書。藉由整理，除了可以出清不再需要的書籍，換得清爽的空間與心情，更可幫助自己了解手上有什麼書籍，避免購入類似的作品。

買東西是令人開心的事情，而愉悅心情則會引出更多購買欲望。有鑑於此，經常整理家裡、了解自己擁有哪些物品有其必要性。

整理家務，除了可以避免重複購買造成金錢浪費，更可**減少時間上的浪費**。屋內物品四處擺放除了會增加搜尋物品的時間，散亂的雜物難免也會影響念書或工作的專注程度，進而造成時間上的浪費。

所以，我習慣在工作告一段落以後，藉由整頓房間的方式來整理思緒，幫助自己提升下一階段工作的專注力。

整理家務除了以上好處以外，也可帶來瘦身效果。

例如，趁洗澡時清理浴室地板或浴缸，身體雖然大汗淋漓卻有舒暢感受，清潔完成以後的清淨空間也會帶來神清氣爽的好心情。

此外，隨手拿起抹布擦拭房間地板或桌面，不但是良好的運動方式，隨時潔淨空間更是節約能源的小妙招。

以上是我整理房間所體驗到的種種好處。

想要知道更多打掃的附加效果，可以參考以下兩本書。

《實現夢想的「打掃力」》（舛田光洋著／綜合法令出版）

《「打掃力」讓人生閃閃發光」》（舛田光洋著／綜合法令出版）

步驟三、思考開拓財源的方法

目前爲止，說明了「步驟一、以長遠觀點管理現金流量」、「步驟二、養成避免無謂花費的習慣」。

在這一節將說明最後一個步驟，即「思考開拓財源的方法」。

投資是開拓財源的必要方法。不過，比起股票等金融商品，**將時間與金錢花在提升自己的工作能力才是真正穩賺不賠的投資之路**。

投資自己，成功後的報酬將是穩定的年薪。

二〇〇九年四月號的《日經WOMAN》報導中指出，女性財務會計主管的年薪已經從四百五十萬日圓成長到七百萬日圓。

由此可見，增強工作能力、設法使自己晉升爲主管階級，實爲增加收入的最佳策略。

某些人會以爲，考取資格證照等同於增強工作能力。事實上，除了某些比較特殊的工作場合，資格證照不代表能夠立即享受加薪待遇。更何況，考取資格證照還需要投注金錢與時間。

因此，我們必須先通盤思考是否有助於提升工作表現，再視需求取得資格證照。

提升工作表現的關鍵有三：**策略**、**步驟**、**實行**。

所謂策略，即思考「該以何種工作做爲職涯目標」。例如，「成爲會計主管讓薪水加倍」。

所謂步驟，即實施策略的「具體辦法」。

例如，上專業課程或閱讀商業書籍等，以培養會計主管應有的能力。

步驟確定之後，下一關鍵便是執行。

可以一面上專業課程，學得應有的專業技能；一面打探公司內部的升遷管道，假如發現在同公司內升遷有所困難，則可考慮是否離開現任公司另謀高就。

接下來，針對如何提升工作表現，將以「現任公司內部升遷」、「轉職升遷」、「在短時間之內考取資格證照」等三種角度來說明。

1.現任公司的內部升遷

「某某人很有工作能力！」如何讓主管對自己抱有這種印象，對於希望在公司內部升遷的人來說極爲重要。

而獲得良好印象的捷徑，便是利用交辦工作掌握機會。

就如以「幫主管泡茶」這樣單純的工作，只要稍微用點心也可以成爲晉升職位的機會。

新人的工作通常包含了泡茶等雜務，即使擁有會計師資格的人也一樣。例如我剛進會計師事務所時，也經歷過一段每天都要幫主管泡咖啡的日子。

也因爲在端咖啡時的兩個發現，幫助我將類似的庶務工作轉變爲晉升機會。

(1)以交辦任務為優先

一旦收到上司交代「泡咖啡」的任務，我便會要求自己儘早將咖啡端到主管面前。

理由很簡單，因爲我不喜歡被主管責念「咖啡怎麼還沒送來！」

沒想到，這樣的自我要求竟能換來主管的以下評語：「你送咖啡的時間總是又快又正確。我就是從處理雜務的能力來評斷新人的工作能力。連雜務都處理不好的員工怎麼有辦法處理重要的任務，你說是不是？」

之後，那位主管經常交代我各種任務，而且給予我高度的評價。

⑵趁影印資料的空檔思考工作流程

我曾被交代要爲隔日的會議影印資料。

那時我常趁影印時間閱讀會議資料，思考在會議中該如何應對，並在腦海中進行模擬演練。

會議中突然被問及意見時，一般人通常很難立即做出適切的回答。假如能在日前模擬思考，便有機會以新人之姿提出高水準的建言。

此外，也可趁影印時間閱讀日後即將提交給顧客的簡報資料，在腦海中模擬相關工作流程。

所謂工作能力強，就是藉由對當下受託任務的付出，交出比他人更漂亮的成果。

建議各位，不妨回顧一下每日的工作，思考提升工作成果的方法吧！

2.利用轉職取得晉升機會

有時受限於公司體制，即使有能力的人，也可能難以獲得晉升機會。此外，有些在職人士則是存有邊做邊學，同時尋找其他更合適的工作機會的想法。

對於以上兩種情形，轉職便成了必要的決定。

有換工作念頭的人，可以先上網搜尋公司職缺，或直接前往有興趣的公司網站了解求才資訊。

某些公司的職缺網頁會刊登員工感想。對該公司職缺有興趣的求職者，不妨參考其員工自述，想像自己未來的工作模樣，找到適合自己的工作職場。

發現適合的公司，要徹底了解該公司的營業內容。

在面試時，充分表達自己爲何可以勝任該職務，是成功轉職的關鍵。

問題是，如何表達自己的工作經驗？其中，**說明過去的經驗與該公司營業內容之間的關連**最具效果。

因此，愈了解所面試公司的營業內容，愈有助於表達自身的相關經驗。而且，事先主動了解該公司也會讓面試官感受到求職者的誠意，留下良好印象。

爲了找到能徹底發揮自我實力的工作，建議有意轉職者在前往面試前，一定要徹底了解該公司的營業內容與應徵職務內容。

順帶一提，即便面試同一家公司，錄用的機率卻會因爲不同時期而出現大幅差異。某人事招募主管曾對我透漏：

「在工作繁重，員工各個忙到分身乏術時，若有十位求職者來面試可能一口氣就會錄用九位。可是在人手充足的時期，即使來的十位求職者都很優秀也可能只錄用其中一位。所以，儘管職缺一直掛在求才網頁上，面試錄取率卻會因爲當時人手是否充足而大有不同。」

我的友人中，也有人會同時期前往多家公司應徵，最後再從中挑選自己喜歡的公司及職務。

建議大家多了解幾家公司，找尋能讓自己發光發熱的場所吧！

3.短時間內考取資格證照的訣竅

爲考取資格證照，會遇到許多諸如要到哪家補習班補習、要買哪些參考書的惱人問題。

我過去在準備會計師證照考試與會計能力檢定時，曾下工夫研究如何以最短時間通過考試，最後歸納出三項訣竅：

(1)結交成績優異的朋友

在補習班待了一段時間，會自然地出現數群小團體。

我在補習時發現，加入成績好的那一團通常通過考試的機率也高。

人最容易受親近人士的影響。儘管補習班老師耳提面命一天至少要念書三小時，可是絕大部分學生都會覺得一天念三小時太累了。

但是，假如和自己要好的同學中有人表示「每天規定自己念三小時」，那麼自己難免會產生「假如自己一天念不到三小時就跟不上了」的心態，因而奮發讀書。

要如何和成績好的人做朋友呢？以下是我的方法，各位不妨參考。

補習班通常會在模擬考後公布成績優異者的名單。我便趁那時記下那些同學的姓名，當有機會在教室遇到時便與他們打招呼，「上次模擬考時，你的會計成績第一名耶」類似的交談確實讓我交到幾位成績好的朋友。

⑵做考古題

我在大學二年級時參加了二級會計檢定考試。

那時在考前一個月開始準備會計考試，並在考前倒數一週內勤做考古題。

初做考古試卷時，滿分一百分的考卷我只能拿到四十分，然而二級會計檢定考試的及格分數是七十分。我必須在僅存的一週時間之內提升三十分的實力，當時的壓力之大不在話下。

於是我決定利用一週的時間勤練過去七年的考古題，並將時間花在練習曾經算錯的題目上，最後終於順利通過二級會計檢定考試。

我在寫模擬試題時發現：即使已經知道題目該怎麼解答，要在考試時間之內正確算出答案卻有困難。

所幸，此能力可以藉由反覆練習考古題的方式，在短時間之內快速提升。

(3)將答錯的試題整理抄錄在同本筆記

各位是否曾在接受測驗或模擬考後，發現自己老是在相同的問題上出錯？我就有過此經驗，且爲此大感不安，甚至懷疑自己能否在此種狀況下通過考試。

參加資格證照考試等於與時間作戰。儘管明白題目該怎麼解答，卻常因爲剩餘時間愈來愈少而開始慌張，以致於出現重複的錯誤。

爲了避免重蹈覆轍，我養成將做錯的考題整理抄錄在一本筆記本上的習慣，方便日後練習。

提高應考效率的重點在於，參考模擬考試的成績了解自己的長處，並且確實掌握自己的弱點。

了解自己的強弱項以後，還要配合長處與弱點改變讀書方式，以提高綜合積分，才能走向合格的捷徑。

以投資為攻，以會計為守

想要增加財富，必須以投資爲攻，以會計爲守，並且兼顧兩者的平衡。所謂「投資」，即以投資自己或投資股票的方式，**藉由資金運用達到增加財富的目的。**

而本節所謂的「會計」，請各位把它想成是「**確實掌握金錢流向與流量，避免無謂花費**」的活動即可。

提到財富，或許有許多人會立即將焦點放在股票等金融商品上。但我認爲，依照以下順序理財，才是最確實可靠的財富增加方式。

1. 打理財務金流。
2. 投資自己以增加薪資收入。
3. 藉由股票等投資增加財富。

針對以上內容，本章已依照「步驟一、以長遠觀點管理現金流量」、「步驟二、養成避免無謂花費的習慣」、「步驟三、思考開拓財源的方法」等順序做了說明。

之所以先就財務金流管理方法做說明，是因爲如果要讓錢留在手邊，**用錢的方法比賺錢的方法來得重要！**

無論再怎麼會賺錢，漫無計畫胡亂揮霍金錢的人，絕對無法將錢留在身邊。

因此，我認爲，投資自己先讓薪水收入增加至某種程度，再嘗試股票等金融商品投資，才是良好的致富辦法。

就像最有效的瘦身方法是改善飲食生活一樣，最有效的存錢方法，就是**養成避免無謂花費的用錢習慣，逐步累積財富**。

而避免無謂花費的用錢習慣，則有賴於增加財富所做的投資活動，以及守住財富的會計觀念兩者間的結合。

專欄三　幫助夢想實現的金錢觀

讀者中或許有人想成為平面設計師、美髮師或美甲師，懷抱著創業的夢想。

想要實現創業夢想，除了具備相關工作能力以外，對金錢也要有概念才行。在此與各位分享當初我開創寫作事業的歷程。

「望月，介紹幾本會計書籍給我看吧。我也想學會計，好應用在工作上。」當初從事會計工作時，我經常接到友人這樣請託。

那時想了又想，實在找不到有什麼會計書籍適合介紹給一般人。正在苦惱之際，有位朋友對我說：「望月，你解說的會計知識總是簡明易懂，不如你直接寫本會計參考書吧！」的確，雖然書局裡會計入門參考書或專業參考書琳琅滿目，但缺乏難易程度介於兩者之間、適合一般大眾應用於日常工作的會計概念書籍。

「假如自己能寫出方便一般上班族學習的會計參考書，應該有不少人會受惠吧！」我心裡逐漸湧起這樣的念頭。

問題是：寫作時間哪裡來？

當時我還是會計師事務所的正職員工，不僅平日得加班到深夜，就連週末也得到事務所處理堆積如山的工作。

在毫無時間寫作的情況下，我最後決定辭去工作以實現寫作夢想。

我一開始提到的「創業需要金錢觀」就是基於以下兩點概念。

1. 評估未來的收入情形。

2. 錢要用在刀口上。

由於自行創業可能立即陷入收入不穩定的窘境，因此在事前評估未來的收入情形極為重要。收入少沒有關係，重點是至少要維持某種程度的穩定。

所幸我在離職創業之初，還能與之前任職的會計事務所簽訂按件計酬的工作契約，確保收入可以維持在某種水準。

會計師事務所一般傾向聘僱正職員工，極少聘僱按件計酬的契約人員，因此當時我花了很長一段時間，才說服老闆。當時雙方交涉了三個月，終於在顧全事務所利益，即避免相關案件因我離職而出現銜接不良問題的考量下，針對由我主導的案子，同意以按件計酬方式委託我繼續處理。

創業另一個重要的金錢概念是：錢只能用在刀口上。

在創業之初，我以自宅兼做事務所，直到現在才改租便宜的事務所。當然，我也曾動過租借更好的辦公室的念頭，但寫作等工作可以在自家完成，在考量實際工作性質後，了解這絕非必要條件便作罷。

相對地，對於創業辦公的必需品，我則絕不會吝嗇分文。

就書局通路的陳列習慣而言，新人作家的著作通常上不了最佳位置。我於是決定自掏腰包，在電子報與網路刊登廣告做宣傳，此作法果然讓第一本著作便創下銷售佳績，成功讓各大出版社注意到我，陸續獲得出版機會，至今累積了七本著作。

不過，提起我的第一本著作，其實是創業後的第四年才付梓出版。

因此我也要提醒有心創業的朋友：工作能力當然是實現創業夢想的第一必備條件，然而，等待與掌握機會的堅定毅力以及金錢概念也同等重要！

第四章　開創幸福未來的溝通術

幸福生活的首要條件

幸福生活的首要條件是什麼呢？

我認爲是**溝通**。良好的溝通可使自己與家人、朋友、戀人共享愉快時光。

麻煩事常起因於微小的誤會，而良好的溝通可避免自己捲入麻煩。

此外，提高溝通能力對於增加收入也有幫助。

面對工作能力好的人，即使單是利用郵件或電話與對方溝通，往往能夠迅速獲得簡潔明快的正面回應。而迅速給予回應也是重視溝通的表現。

我認爲，**「接納對方與自己」**對於溝通很重要。

接納他人能更認識自己，世界也會變得愈寬廣。
而接納自己的人，才能愛自己，並朝理想中的未來之路邁進。
我自幼便經常思考如何與他人做朋友。
出社會後，更常去觀察哪些人擅長溝通，或思考如何才能朝夢想筆直前進。
我開始想：
「爲何愈是優秀的人愈愛**讚美他人**？」
「如何使自己不必去靠攏他人，而是**成為被靠攏的對象**？」
「爲何有那麼多人明明不善說話，卻能溝通良好？」
良好的溝通能增加美好際遇，更能藉著美好際遇開拓更寬廣的世界。
良好的溝通還可減少摩擦，與他人共築美滿的人際關係。
從相遇那刻開始溝通，會與幸福相連。
本書將在第四章與各位分享：開創幸福未來的溝通術。

相遇的時機

如何才能與能改變自己未來的機運相遇呢？

我認爲，相較於機緣的次數，**相遇之後發生的故事**才是重點。

我與本書編輯K先生相識於二〇〇七年一月份出版講座的會後聚會，K先生就坐在我旁邊。

那時我所撰寫的會計暨記帳入門書《會計說明書》剛出版，與擅長潛能開發書籍的K先生感覺不是很聊得來。

某次，我見到鄰座女性似乎想與K先生聊話，便與該女性交換座位。不久之後，那位女性起身回座，我趁機與K先生聊天：「敝姓望月，是日本實業出版社所出版的《會計說明書》一書的作者」。自我介紹後，展開了以下對話——

「日本實業出版社，我和那裡的編輯N先生交情很好，你認識他嗎？」

「N先生？我認識啊！我的著作雖然不是由他負責編輯，但是在每月召開一次的作者與編輯讀書會上我們都會碰面。」

「哦，作者與編輯有讀書會啊？我倒是沒聽N提過。」

「您有興趣參加嗎？假如您不介意，請來參加下一次的讀書會吧！」

「我很有興趣，請務必幫我引介！」

自那時起，我們在讀書會上碰了好幾次面，不過並沒有聊到寫書的話題。

過了一年以後，在二〇〇八年一月份讀書會的會後聚會中，我主動與K先生聊天。

「K先生，我想寫一本針對女性讀者、和數字有關的書，想聽聽您的意見。」

「你打算寫什麼內容呢？」

「以如何利用數字概念幫助自己瘦身、累積財富、善用時間爲主題。」

「哦，聽起來挺不錯的。」

「那麼，我來擬份企劃書給您參考好嗎？」

「當然，我很期待呢！」

會後，原本打算立即動手擬企劃書，卻碰到其他工作忙不過來，使得擬企劃書一事一直被擱置。

後來，如前面章節所述，直到邀請K先生旁聽我惡女學研究會講座之後，才正式敲定出版本書。

二〇〇八年十一月，與K先生商討出版事宜時，K先生提出以下建議。

「望月先生，我認爲人的幸福感，來自對時間、金錢、健康（健美身材）與人際關係四種面向的平衡。因此，希望您將能帶來和諧人際關係的溝通技巧加入本書。」

就這樣，惡女學研究會講座上沒有提及的「溝通技巧」成了本書第四章的主題。

關於機緣，我認爲**無需勉強**。

對於不適合自己的機會無需貪心，大可大方讓人。能與有緣人建立良好人際關係，並維持長遠的交往，才是通往幸福人生的捷徑！

超吸引力法則＝理想的未來

今時今日，「吸引力法則」正流行。

我卻認爲，比起「吸引力法則」，「超吸引力法則」的力量更爲強大。因爲，遵循「吸引力法則」，只能接近與當下的你相契合的人事物。但是通曉「超吸引力法則」，靠近的則是**理想的未來**。

所謂的「超吸引力法則」，**即是透過主動接近成功人士的方式，使自己也往圓夢之路邁進**。

接下來，便要與各位分享我的「超吸引力法則」故事。

在自行創業以前，我有幸與出版《叫賣竹竿的小販爲什麼不會倒？》（光文社出版）一書的知名作家山田眞哉先生於同一家會計師事務所服務。

正當我萌生寫書念頭時，事務所出版的刊物上介紹了山田眞哉先生的新書《女大生會計師事件簿》（英治出版）。

當時我剛好已經拜讀過此著作，便藉由內部電子郵件向山田先生表示：「《女大生會計師事件簿》一書眞有意思！」

沒想到山田先生隨即回信：「公司同事利用內部電子郵件和我聊讀書感想的，你是頭一人呢！謝謝！」

我與山田先生分屬於不同部門，但彼此擁有共同的朋友，後來陸續與山田先生聊了許多話題。

山田先生最令我佩服的地方是，他總是紮實地做好許多準備工作，面對該做的事情，也總是以不妥協的姿態前進。

山田先生曾爲《美女會計師藤原萌實》（角川集團出版）一書赴書店做新書宣傳。他以擲骰子的方式決定書店順序，而且沒預約就直接登門拜訪。山田先生還將該宣傳活動命名爲：「來去書店做宣傳！」

活動最後會以影片形式播放，我以攝影師身分支援了該活動，與山田先生一同跑各書店做宣傳。

山田先生在某些書店受到了熱烈歡迎，有時也會受到冷淡的對待。

然而，當面對態度冷淡的書店，他一樣是全力以赴。山田先生絲毫不受他人影響的工作態度讓我覺得相當了不起。

換做是我，在態度熱烈的書店也許還能盡力宣傳，但遇到態度冷淡的書店，恐怕只想掉頭離開吧。

無論在任何業界，想要看到美好的成果，就得比別人加倍付出。**和積極努力的人相處，可以激發自己「不像他那麼拚不行」的鬥志，逐漸接近更美好的未來。**

在與山田先生相識之後的第三年，我的著作也付梓出版。

我非常感謝與山田先生等作家的緣分，引導我踏上圓夢之路。

也可以說，我是藉著超吸引力法則踏入了出版界。

擅長說話不如懂得聆聽

我一直以來都不太擅長說話，非常敬佩能在眾人面前侃侃而談的人。各位讀者之中，或許也有幾位不擅長面對大眾的人吧。

不過，不擅長說話的人一點也不需要擔心。

因爲，不擅長說話的人通常是**最棒的聆聽者**。

「能夠聽你說這席話眞是太好了！」會讓人產生這種感覺，通常有兩種原因。聽到「內容有趣的談話」，或是聽到「自己想聽的話」。

所以，擅長說話的人可以創造有趣的談話，而擅長聆聽的人可以說出對方想聽的話，兩者都能創造愉快的聊天氣氛。

我不善說話，因此經常在聆聽對方說話之後思考對方的意思。

絕大部分人都希望別人能聆聽自己說話，自然也容易對聆聽自己說話的人產生好感。

因此，擅長聆聽的人很容易結交朋友，也容易成爲受人請託的對象，通常都擁有好人緣。

成爲良好聆聽者的首要重點在於接納對方。

具體地說，即是從談話過程中發現對方的優點，並且給予讚美。

對於那些能夠發現連我們自己都不自覺的個人魅力或優點的人，相信各位一定都很喜歡對方吧！

在聆聽他人說話的時候，還有一點必須留意。

要**充分聽取對方談話之後再發表自己的意見**。

當別人找我們商量某件事時，我們得先充分聽取並理解對方的想法，才能做出最適切的建議。

而且，藉由給對方留下良好印象，自己所發表的建言也比較容易被接受。

或許是我從事會計行業的關係，雖然有機會與許多人說話，但總覺得會不會說話似乎不是什麼大問題。

而且，與其在乎說話技巧，倒不如問問自己**夠不夠體貼對方**，因爲體貼才是達成愉快溝通的重要關鍵。

在表達方式下工夫

聆聽非常重要。

然而，在與他人對話時，不僅要聆聽對方，也必須**以簡明易懂的方式表達自己的想法**。

我剛入社會時，經常因爲不擅表達而狀況百出。然而在各方面下了許多工夫後，發覺只要做好以下兩點，就能避免絕大部分的言語失誤。

1.說話之前先擬草稿

與顧客講電話、在會議中發言的困難之處，在於必須在短暫時間之內迅速整理自己的意見並對外發表。

想說的話很多，卻因爲緊張而慌亂，無法好好地將想法說出口，這些都是不擅長說話的人可能出現的狀況。

因此，面對電話商談或會議發言等場合，我習慣**事先在筆記紙上擬好說話內容**，來克服表達不佳的狀況。

舉例來說。假如有三件事必須傳達，則可事先思考何種順序安排最能使對方理解，然後將順序寫在筆記紙上，邊看筆記邊表達。

好處是可以使自己安心地表達，避免遺漏事項，大幅減少談話失敗的可能性。

2.客觀表達

讚美的話可以率直地說出，但是建言就要稍微保持一點距離，以客觀的口吻表達。

以我個人爲例。經常有人反應我說話的速度太快，不容易聽清楚。面對這種情況，假如對方是很直接地反應：「望月，你說話太快了，我聽不清楚，請你說慢一點。」那麼我可能頂多只會回答：「其實我自己也有在注意，可是一直改不太過來。」雖然感到困擾卻又無解。

面對相同的情況，假如有人能向我說：「望月，我覺得你的說話速度稍微快了一點。我建議你在句子與句子之間稍作停頓，或是以條列順序，如第一點、第二點……的方式，別人會更容易了解你要表達的內容。」我想我一定會很樂意接納對方的反應與建議。

為對方設想很重要，但一般人對於自己在意的事，在收到建議的當下容易產生排斥心理。

因此，在發表建言時，也應儘量避免刺激對方，**稍微保持一些距離，以客觀的口吻發言**。

自我溝通

接納他人，便能與他人融洽相處。同樣的，接納自己，也會更知道如何與自己相處。

不過話說回來，要完全地接納自己似乎不是件容易的事。

任何人都有弱點。例如我就不擅長在陌生人或大眾面前說話。其他人的弱點可能像是：對什麼事情都只有三分鐘熱度、太胖……人一旦在意自己某項缺點，使得整顆心常常懸在那兒，便很難完完全全地喜歡自己。

此時，請試著不要正面挑戰自己的弱點，不妨**換個角度看自己**吧。

我雖然不善說話，卻是一個良好的聆聽者。

雖然無法與他人分享什麼有趣的話題，但別人說話時，因爲自己聽得很高興，也常讓說話的人說得開心。而且，也由於不擅說話，我轉向勤練文章，才因此獲得出版著作的機會。

假如我是個擅長說話之人，或許現在會踏上另一種人生，就不是透過出版書籍這樣的形式與各位接觸了。

這麼一想，長處與弱點似乎正是一體的兩面，**弱點也是個人特質**之一。

任何人都有不擅長的事，這並非壞事。重點是，能夠認清自己長處與弱點爲何，並設法爲自己提供**能讓自己憑藉長處一決勝負的環境**。

改變觀點，接納現在的自己後，還要與未來的自己對話。

所謂與未來的自己對話，就是想像理想的自己是什麼模樣，並且以實際行動去實現。

我的願望是變成一個擅長說話的人。

爲了實現這個心願，我藉由反覆聆聽演講內容的錄音以研究自己的說話技巧，還透過語調練習等方式幫助自己進步。雖然現在仍未到達能言善道的程度，但是確實感覺到說話技巧較過去提升許多。

要與未來的自己取得溝通，**開闢能夠尋得理想自我的管道**很重要。

例如，爲了達成瘦身理想，我曾一面觀察體重等數字，一面嘗試各種瘦身方法。

要讓自己喜歡自己，我覺得最重要的事情是，反省自我、養成每天思考如何進步的習慣。

誇獎他人能使自己獲得成長

要與他人和睦相處，養成發現並讚揚對方優點的習慣非常重要。讚美他人有以下四項好處。

1. 讓對方感到幸福。
2. 幫助對方成長。
3. 讓自己感到幸福。
4. 讓自己獲得成長。

讚美可讓他人感到喜悅，因喜悅萌生想要更努力的念頭，進而幫助對方成長。

讚美他人的人，則能從對方喜悅的神情中感受到幸福。

看到這邊，或許有些讀者會對「讚美他人會讓自己成長」一說感到不可思議。

坦白說，「**讚美他人，自己也能獲得成長**」這件事也是我最近的新體悟。

我常在著作出版以後贈書給好友。

有些友人收到書時，除了道謝以外還會對我說「這書眞是令我受用無窮」，或是「這書可以讓我多學到一些東西」。

我的著作多爲會計入門參考書，同樣身爲會計師的朋友應該早就熟悉書中提及的大部分內容。

幾乎可以說，書中百分之九十九的內容，友人早就非常熟悉了。

但是，在我的書中他們可能會有新的發現：「原來這件事也可以從這個角度切入啊！」或是「這件事用這種方式說明也挺不錯的！」。然後，**因為吸收了書中的內容，他們也變得更加優秀**。

我還發現，許多暢銷作家或是創業發展得不錯的人，大多都是擅於發掘他人優點之人。

每個人都有優點與缺點。

與其聚焦於他人的缺點，還不如**將焦點放在他人的優點上**。因爲這樣不但能使他人獲得幸福的感受，同時也會讓自己獲得成長。

再厲害的人也有辦不到的事

「這也要會！那也想學！」

凡事這樣要求自己的人，最後只會把自己搞得精疲力竭。

每個人都有長處與弱點，其實眞的沒有必要要求自己什麼都要會。

我曾在外商會計師事務所上班，英文卻不怎麼流利。

我的工作生涯從外商會計師事務展開。

初踏入社會時，曾有過雄心壯志要將英文學好，希望有朝一日能赴海外工作。

然而，在外商工作五年下來，練就的並非高超的英文能力，反而是如何寫出簡單易懂的文章的技巧。

身爲會計師，其中一項工作是藉由分析財務報表發現公司的問題點，並針對問題點提出改善建議方案。

「發現問題之後該如何向顧客表達」是這項工作最困難的地方。人在受到指責時，通常會立即產生反抗心理，認爲問題基於某種原因而無法解決。

那時我反覆參考過去的改善提案，研究**何種說法最容易使對方接納**，最後發現以下敘述模式最有效。

(1)記錄最初做過何種調查。

「在×年×月拜訪○○公司後曾進行××調查。」

(2)記錄所發現的問題點。

「在進行××調查後發現○○問題點。據分析，造成該問題點的理由可能是××。」

(3)提出改善建議

「由貴公司目前的業務流程來看，業務量大增時可能會出現○○問題。上述問題即所謂的××現象，藉由改變業務流程來防範問題的成功機率相當高，因此誠摯建議貴公司考慮由此方向著手改善。」

簡單來說，以上文章是以「**如何以最不刺激對方、最能正確傳達問題的描述**」爲出發點作成的。

換句話說，即是一篇能讓對方腦中浮現具體概念的好文章，因爲避開論理式的尖銳批判，才能直入對方心坎。

可惜，要寫出包含以上特點，讓人讀起來舒服的好文章並非易事。

我一面參考過去前輩提出的改善建議書，一面思考該以何種順序鋪陳最通順，文章總是一修再修。

那時，每天光是處理份內的工作就要加班到深夜，再加上還要花時間練習寫提案內容，加強英文一事就被忽略了。

但是，經過一段時間的練習，撰寫改善提案書成爲了我的強項。

每個人能夠運用的金錢與時間是有限的。因此，**認清自己的弱點，將時間運用在如何發揮自己的長處**，才是最有效益的策略！

截長補短的「黑船」溝通術

我有位設計師朋友，宇治智子小姐，她很容易放棄「自己做不來」的事情。

不過，她不會只是放棄而已。

認定「自己做不來」之後，她會拼命去找出「做得到」那件事的人，然後奮力一搏地接觸對方。

宇治小姐在寫作《視覺行銷建議》（明日香出版）一書時，曾爲了「投資設計爲何能使公司賺錢？」內容該如何撰寫大爲苦惱。

或許是因爲從事設計工作，宇治小姐對於如何說明經營事務似乎不太在行。

總之，宇治小姐寄了封電郵給我。

「望月你好。我現在正在寫書。近日『投資設計爲何能使公司賺錢？』這部分的內容始終無法順利說明。不知道你是否願意在百忙之中撥空給予協助？」

收到信之後，我回信請宇治小姐寄原稿供我參考，並與她相約在咖啡店討論。

當天，在我提出寫作建議之後，宇治小姐向我道謝：「望月先生，謝謝您。這是一家叫『黑船』的甜點店的蜂蜜蛋糕，一點小心意，希望你能收下！」

順帶一提，在設計師的世界中，愈成功的設計師愈講究美食與穿著。宇治小姐似乎從貧窮的助理時代就爲了美麗與美食努力創作了。

宇治小姐送的蜂蜜蛋糕口感綿密還稍微帶點蛋香，風味獨具，讓人感受到她送禮的品味。

每個人都有長處短點，而且個人的能力都是有限的。有關經營層面的文章，對從事設計工作的宇治小姐來說，與其耗費時間苦找資料，還不如找個會計師朋友諮詢。

面對自己的弱點，不妨向專業人士尋求協助。重要的是，接受幫助之後記得要表達感謝之意！

獨自一人苦思不得其解的問題，通常集思廣益便能尋得答案。

然後，向幫助自己的人表示感謝之意時，花點心思找出符合對方品味的禮物，也是值得讚許的行爲呢！

因緣際會

我在寫作初期，常請山田眞哉先生針對標題給予意見。書籍出版後便思考要如何致謝。沒想到，最後我會以一場美好的相遇回報山田先生。

促成那場美好相遇的朋友名叫秋田英澪子。某日，我在宴會上遇到秋田。秋田小姐說：

「望月，你認識《遇見！技術》（晨出版）這本書的作者小田眞嘉先生嗎？」

「聽過他的大名，但不曾見過面。」

「小田先生和你一樣都是活躍的作家，你們兩位的寫作領域完全不同，碰在一起一定會擦出有趣的火花。來，我來爲你們介紹彼此吧！」

過沒多久，秋田小姐便從會場中找來小田先生，並介紹我們彼此認識。之後我與小田先生熟識，還在社群網站Mixi上互加對方爲好友。

小田先生的Mixi好友欄中還有一位朋友，《會計好玩又好懂！》的作家天野敦之先生。

碰巧在那不久以前，我剛好讀過此書。於是傳了簡訊給天野先生說：「我剛拜讀完您的大作《會計好玩又好懂！》，眞是一本容易理解的好書！」

沒想到天野先生立刻回了一道訊息：「要不要見面認識一下呢？」

就這樣，我們各自調整了自己的行程，排出時間與對方會面餐敘。

談話中，我提到自己參加了讀書會，天野先生認爲很有意思，表示了參加意願，於是我便邀他參與下個月的讀書會。

山田眞哉先生也參加了該讀書會，他因爲見到天野先生感到非常開心。

原來，山田先生在寫《世界最簡單的會計書》（日本實業出版社）時曾參考天野先生的著作《會計好玩又好懂！》，自那時便相當仰慕天野先生。

見到山田先生與天野先生兩人相見歡的場景，我很高興自己終於有機會回報山田先生。

因爲這場讀書會的相遇，天野先生後來在日本實業出版了以熊太郎爲主角的《讓人幸福的旅店》。

而該書編輯，後來也成爲我第一本著作《會計說明書》的編輯。

我常在想，能擁有這般的因緣際會，應該是在碰面以前，彼此在心靈上已經互相吸引了吧！

然後，因爲這樣的相遇，也誕生了更多的故事！

重視身旁的每一個人

我認為，幸福的第一法則是重視你身旁的人，不論是朋友、親人、雙親……其中，關心父母更是通往幸福的捷徑。

我曾與《鏡的法則》（綜合法令出版社）一書的作者野口嘉則先生談話。野口先生曾對我說：「否定雙親等於否定自己的根源，這樣的人最終將走入自我否定的人生」。這段話至今仍銘刻在我心中。

我在東京工作，父母親住在名古屋，由於相隔兩地無法頻繁相見。我常想與父母通電話，但因爲經常加班至深夜，鮮少有通電話的時機。
現在，我乾脆在行事曆中加入「與老家通電話」的項目。
假如當初預定在星期三通電話，如果當天因爲太忙而撥不出時間，就改在星期六打電話。經過這麼安排以後，現在每個月通常會與父母聯絡三次以上。
以前與父母同住的時候沒什麼感覺，離開父母身旁以後才發覺，父母親與子女見面時有多麼開心。
因此，我常設法增加自己與父母相處的時間。
在此強烈建議各位，儘可能安排時間，增加與父母親或家人的相處時間吧！
我認爲，要構築幸福圓滿的人際關係，最有效方法就是「多說謝謝」。
我對妻子所做的任何付出，都會儘量說出心中的感謝之意，例如：「謝謝妳今天又爲我做這麼好吃的飯！」「謝謝妳幫我摺衣服！」等話語。

世界會變得愈來愈複雜，但唯有人心可以不變如往昔。**幸福是抽象而不可見的感受，但它確實存在於我們心中。**

我們要養成習慣以平衡的視點去了解世界、將感謝常掛嘴邊。因爲，這正是通往幸福的最佳捷徑。

專欄四　健康與朋友是人生最重要的財產

為了生活，錢很重要。

我當然也認為金錢是重要的財產。但是，**健康與朋友**絕對是比金錢來得更重要。

假設你努力打拚存了一千萬日圓，卻因此傷了身體躺在病床上，最後這一千萬日圓也會一下就用完。假如每年需要生活費三百萬日圓，即使一年存到一千萬日圓那麼多，也是大約三年便會花光。

實現夢想需要龐大的體力，若無健康的體魄，絕對負荷不了長期的體力支出。因此本書的第二章，才會著重於如何藉由紓解壓力與注重飲食，來增加健康這項財富。

雖說錢愈多愈讓人心安，但是人生目的並非存錢，而是幸福過生活，不是嗎？

幸福生活少不了與家人、朋友的歡樂時光。因此本書的第一章分享了如何有效率運用時間的方法。

其次，交友廣闊能幫助自己趨吉避凶。

例如因為失業遭逢失意期，朋友可能會為我們引介工作，即使無法直接介紹工作，也會指引求職方向。要隻身拓展世界很難，藉由與他人的對話可以幫助我們發現不同的觀點，世界自然愈加寬廣。我今日仍然受到許多朋友影響，因為他們體驗了形形色色的世界。

最棒的人生，應該是**金錢、時間、健康（健美身材）、人際關係四種面向平衡並存的狀態**。

因此，本書將在第五章，請各位利用前述章節所提到的方法，著手為自己設計幸福人生。

第五章　設計理想的人生藍圖

利用Excel規劃理想人生

本書已在第一章說明了療癒心靈的「時間規劃術」，在第二章介紹有助雕塑身材、招來好運的「數字瘦身記錄表」，在第三章則是提出能實現願望的「現金流量表」。

接著在第五章，會帶領讀者一邊回顧第一章至第四章的內容，一邊利用Excel表格規劃理想的人生。

人生的道路很長，我們不需要總是走捷徑。

例如學習英文，認眞研讀教科書內容是一種方法，但也可以思考一些能夠輕鬆學習並維持學習興致的方法，例如觀賞喜愛的英文影片同時閱讀英文字幕。

認真的時間與紓壓的時間，二者皆爲人生必要的時光。

不論是認眞想瘦身或學英文，請藉由數字了解執行方向是否無誤，然後儘可能增加讓自己從事喜愛事務的時間吧。

接下來，本書將依以下順序說明如何利用Excel表格規劃理想人生。

1. 關於Excel表格。
2. 療癒系「行事曆」的製作方法。
3. 打造招來好運的好身材，「數字瘦身記錄表」的製作方法。
4. 實現願望的「現金流量表」製作方法。

關於表格製作

本書要帶領各位利用Excel製作行事曆、數字瘦身記錄表以及現金流量表。

我個人習慣利用Excel軟體製作以上記錄表，但不習慣使用電腦的讀者，可以將表格繪製在紙張上也無妨。

無論是利用Excel或是紙張，效果皆同，各位選擇自己喜歡的方法進行即可。

記錄要領

我對自己花過什麼錢大概都記得，但對於吃過什麼食物都不會留下印象。

換句話說，對於自己的錢增加、減少了多少，我會有一定的概念，但對於自己爲什麼會胖起來卻一點頭緒也沒有——這也是我會發胖的原因。

所幸，只要藉由記錄自己曾吃下哪些食物、花了哪些錢，便可以回顧的方式，逐步督促自己**在食量與金流方面取得平衡**。

數字瘦身記錄表並無特定的記錄方式，只要每天固定在某一時間記錄，並且持之以恆即可。例如，我習慣利用每日就寢前幾分鐘，將當天吃過的食物記錄到數字瘦身記錄表中。

我曾記錄數字瘦身記錄表長達兩年以上，不過期間倒也並非全年無休。例如，在疲倦不堪的日子，想到要再開啓電腦的麻煩程度，也可能會作罷。

回顧數字瘦身記錄表，我發覺自己每月大約有三至五日會缺勤。

提醒各位，即使發現缺了幾次記錄，也無須太過責怪自己。不妨試著想：「**已經忘記的事也莫可奈何，今天記得記錄就好**」。因爲，樂觀向前的態度才是長久持續記錄的祕訣。

總之，填寫數字瘦身記錄表無需要求完美，配合自己的步調輕鬆執行就好。

療癒系「行事曆」的製作方法

製作行事曆時，均衡安排**朝向目標努力的時間以及自我紓壓的時間**是很重要的概念。

當然我在工作繁忙時也常只顧著工作，會在工作告一段落以後才讓自己放鬆。

我對於行程管理有一個感想，即**動力（興致）管理比時間管理來得重要**。

精力好的時候不妨從事需要體力的工作，疲勞的時候不妨安排一些輕鬆的事情。行程管理的重點在於：思考這時間做什麼事情最有效率，能夠逐步向前邁進最重要。

接下來，要再次說明行事曆的製作方法與要領。

1.行事曆的製作方法

行事曆的製作步驟如下。

步驟一、利用Excel表格讓行程「視覺化」。

步驟二、反應行程狀況。

步驟三、重新檢視行程。

步驟一、利用Excel表格讓行程「視覺化」。

在此以我從十月十日起的一週行程為例。首先將該週的主要行程依自己希望進行的優先順序填入Excel表格，製作成視覺可見且方便管理的檔案（請參考第一八八頁表一）。

例如十月十日，我希望優先進行的事情是準備講座內容，其次是語調練習。假如完成這兩件事之後還有剩餘時間，則希望蒐集撰寫雜誌專欄所需的資料。

步驟二、反應行程狀況。

接著講解行程管理方式：每完成一項行程就用顏色標記這項欄位（請參考第一八八頁表二）。

例如到了十月十三日時，由於當日以前的行程已全數處理完畢，當週的行事曆約有半數欄位改變了顏色。

爲已完成行程的欄位上色的好處是，每見有色欄位增加，心中就會響起一陣歡呼：「哇，在我的努力下，又有一件事情完成了！」心情也隨之大爲振奮。

步驟三、重新檢視行程。

出乎預料的事情隨時都可能發生，因此我們很難每天按照行事曆處理事情。就像我原本預定在十月十四日上午開始修正將在十二月出版的書籍原稿，但是到了當日傍晚覺得自己無法在當日完成，於是決定調整行程做爲應變。

此外，當天我還預定利用十五分鐘「發mail給○○先生」，所以一到預定時間，便暫時放下修稿工作，依照原訂計畫把mail打好並寄出。至於當日原訂的「整理新聞資料」工作，考量到與隔日「整理書籍資料」合併處理會比較有效率，決定挪到隔日（十五日）再進行。而另一項原訂行程「語調練習」，則決定挪到更晚的十六日再進行。（請參考第一九〇頁表三）。

「視覺化」行程管理方法的優點之一是**時間易於調配**。一有空餘時間產生，我們便能立刻依照時間長短，排進相當時間的待辦事項；而當時間不夠時，也能迅速了解未完成的事項要挪到哪個時段繼續處理最好。

而且，行事曆所規劃的期間愈長，愈有利於行程之重新調配。例如，月行事曆會比週行事曆更容易做行程調配。

■表一

10月10日	10月11日	10月12日	10月13日	10月14日	10月15日	10月16日
準備講座內容（會計報表的閱讀方法）	準備講座內容（業務）			修正原稿	整理書籍資料	還CD
準備講座內容（收集資訊）	準備講座內容（會計報表速讀術）	旅行	旅行	發mail給○○先生	伊格斯運動療程 2	上健身房
語調練習 6	17點與○○先生會面			整理新聞資料	衣物送洗	整理房間
蒐集撰寫雜誌專欄所需的資料				語調練習 7	去租片中心	

■表二

10月10日	10月11日	10月12日	10月13日	10月14日	10月15日	10月16日
準備講座內容（會計報表的閱讀方法）	準備講座內容（業務）			修正原稿	整理書籍資料	還CD
準備講座內容（收集資訊）	準備講座內容（會計報表速讀術）	旅行	旅行	發mail給○○先生	伊格斯運動療程 2	上健身房
語調練習 6	17點與○○先生會面			整理新聞資料	衣物送洗	整理房間
蒐集撰寫雜誌專欄所需的資料				語調練習 7	去租片中心	

↓ **為已完成行程的欄位上色**

10月10日	10月11日	10月12日	10月13日	10月14日	10月15日	10月16日
準備講座內容（會計報表的閱讀方法）	準備講座內容（業務）			修正原稿	整理書籍資料	還CD
準備講座內容（收集資訊）	準備講座內容（會計報表速讀術）	旅行	旅行	發mail給○○先生	伊格斯運動療程 2	上健身房
語調練習 6	17點與○○先生會面			整理新聞資料	衣物送洗	整理房間
蒐集撰寫雜誌專欄所需的資料				語調練習 7	去租片中心	

當然，行事曆並非只能塡寫工作事項，諸如「海外旅遊」、「與朋友暢飲」等歡樂行程也可盡情加入。因爲歡樂的行程可是管理行程的最佳動力呢！

2. 製作行事曆的要領

我在製作行事曆時會留意以下事項。

(1)對於目標次數有設定時

我通常設定每月與老家通三次電話，但是過去只要工作一忙便無暇通電話。於是我決定直接在製作月行事曆時，在月初排入「與老家通電話1」，在十日左右排入「與老家通電話2」，在二十日左右排入「與老家通電話3」。

經過如此安排，現在每個月都能與家人通上三次電話。

■表三

10月10日	10月11日	10月12日	10月13日	10月14日	10月15日	10月16日
準備講座內容（會計報表的閱讀方法）	準備講座內容（業務）			修正原稿	整理書籍資料	還CD
準備講座內容（收集資訊）	準備講座內容（會計報表速讀術）	旅行	旅行	發mail給〇〇先生	伊格斯運動療程 2	上健身房
語調練習 6	17點與〇〇先生會面			整理新聞資料	衣物送洗	整理房間
蒐集撰寫雜誌專欄所需的資料				語調練習 7	去租片中心	

將無法完成的行程調整到可行日期

10月10日	10月11日	10月12日	10月13日	10月14日	10月15日	10月16日
準備講座內容（會計報表的閱讀方法）	準備講座內容（業務）			修正原稿	修正原稿	還CD
準備講座內容（收集資訊）	準備講座內容（會計報表速讀術）	旅行	旅行	發mail給〇〇先生	整理新聞資料	上健身房
語調練習 6	17點與〇〇先生會面				整理書籍資料	整理房間
蒐集撰寫雜誌專欄所需的資料					伊格斯丘式疼痛緩解療程 2	語調練習 7
					衣物送洗、去租片中心	

至於其他可以設定達成目標次數的活動，例如語調練習等，我也會在製作行事曆時特別標記次數，以督促自己達成目標。

(2)套裝式行程

日前我有個喜宴行程。然而，直到要出門的前一刻才赫然發現自己忘了擦皮鞋，還差點遲到。

自從有了那次教訓，對於參加婚禮等需要盛裝出席的場合，我會事先將「擦鞋」與「宴會」行程結合，一併排入行事曆。

這麼做的好處是，在宴會行程前數日檢視行事曆時，便會發現有擦鞋這個待辦事項，因此也可趁空檔事先完成擦鞋工作。像這樣與行程相關的待辦事項，各位不妨在一開始就編入行程吧！

(3)利用顏色分別標示

設法提升執行動力是行程管理的首要重點。

因此，對於自己滿心期待的歡樂行程，不妨以醒目的顏色作爲標示吧！例如我習慣將約會類的行程用黃色標示，上健身房等活動用藍色標示。利用色彩標示行程會讓各項行程更加一目瞭然！

打造呼喚好運的身材——「數字瘦身記錄表」的製作方法

所謂數字瘦身術，就是透過將飲食內容、瘦身活動與體重數值三種資料記錄在可視覺化管理的表格中，隨時檢視各項目，並透過以上數據找出最適合自己的瘦身方法。

以下三步驟爲各位說明數字瘦身記錄表的製作方式與分析方法。

1. 數字瘦身記錄表的製作與分析方法

請各位依循以下三步驟製作並分析數字瘦身記錄表。

步驟一、記錄飲食內容。

步驟二、記錄瘦身活動與體重數值。

步驟三、分析「數字瘦身記錄表」。

步驟一、記錄飲食內容

想要瘦身成功，便要了解自己「在什麼時候」「吃了哪些東西」，而以上答案便是首先要填入表格的內容（請參考第一九六頁表四）。

步驟二、記錄瘦身活動與體重數字

舉凡泡熱水澡、做柔軟體操、上健身房等有助於體重減輕的活動皆可填入表格中。例如十月十四日我整天都在寫作，所以選擇以泡澡方式轉換心情兼瘦身，一天下來共泡了三次熱水澡。

最後，在表格的最下方欄位記錄體重。

步驟三、分析「數字瘦身記錄表」

針對飲食內容、瘦身活動與體重三項資訊做比較。假如發現體重有減輕的傾向，或是體重已維持在目標數值，就表示這期間所運用的瘦身方式是行得通的。相反的，假如發現體重向上攀升，則要分析其中有何不妥之處，重新檢視飲食內容與瘦身活動內容。

2.持續推行數字瘦身計畫的要訣

我通常會用下列方式讓自己的數字瘦身計畫不中斷。

■表四　數字瘦身記錄表

時間	10月13日	10月14日	10月15日	10月16日
1				
2				
3				
4				
5				
6				
7		香蕉		
8	早餐（傳統餐點）	麵包、起士	香蕉	
9				
10				
11				
12		苦瓜雜燴、糙米飯	什錦紅豆糯米飯、薑燒豬肉	法式炸鯛魚、菜根豆皮煮物、沙拉、糙米飯
13				
14				
15	香蕉、魚肉香腸			
16			大豆水果營養棒	
17	日式糕點			
18	茄汁旗魚、糙米飯、醃製小菜	照燒金眼鯛、什錦紅豆糯米飯、湯	炒豆腐、葉菜沙拉、糙米飯	
19				
20				香菇烏龍麵、鮪魚生魚片
21	橘子			
22	蘋果、魚肉香腸			橘子
23	納豆×2	香蕉、豆漿		
24		橘子、蘋果、香腸		
瘦身活動	泡澡二次、語調練習、健身房	泡澡三次、柔軟體操	泡澡一次、語調練習	泡澡一次
體重	68. 4	68. 2	68. 0	68. 2

⑴要瘦身也要兼顧壓力紓解

數字瘦身術的重點在於儘量不去強迫自己忍耐某事，放慢腳步也無妨，只要找到能幫自己持續朝目標前進的瘦身方法即可。

發現自己沒有持續瘦身活動時，無需苛責自己「沒毅力」，不妨朝「**是不是紓壓活動不足**」方向思考。總之，要對自己好一點！

我就是以輕鬆的步調，在顧及以下五項紓壓活動的情況下，持續進行自己的瘦身計畫。

1. 每週吃一次自己喜愛的食物排解壓力。
2. 肚子餓時不忍耐，選擇不易致胖的食物。
3. 注意飲食均衡。
4. 泡熱水澡時間拉長。
5. 儘量確保睡眠時間充足。

(2)數字瘦身記錄表的填寫方法

記錄飲食與瘦身活動時，或許有人會煩惱內容要塡寫到多詳細才好。

在此建議時間充裕的朋友，在瘦身活動方面不要只是簡單塡寫「上健身房」，不妨詳細記錄具體活動內容，例如：跑步三十分鐘、做了柔軟體操或重量訓練……

但由於我每次健身都固定運動一小時，因此對我來說，與其詳細記錄上健身房做了什麼運動，還不如確實記錄每個月上幾次健身房。

在此也要提醒各位，記錄無需太過詳細，因爲這會使塡寫數字瘦身記錄表變成一件苦差事，以不會造成負擔的詳細程度來記錄就可以了。

(3)如果體重降不下來

許多人在瘦身計畫剛開始時效果都很明顯，可是執行一段時間以後，減重就會陷入停滯期。

以我個人爲例。我曾在五個月內由七十五公斤減至六十八公斤，可惜在那之後體重就一直停滯在六十八公斤。許多人在體重變化進入停滯期後就變得沒有動力，有些人甚至會乾脆放棄瘦身計畫。

有鑑於此，樂觀看待體重數字變化是很重要的。

再以上述例子爲例。在體重變化進入停滯期後，我們不要鑽牛角尖地想「體重從六十八公斤再也減不下去了」。不妨換個角度想「我從七十五公斤減到六十八公斤了，成功瘦下來了！」如此才能以樂觀的心態繼續思考「接下來要怎麼做才能繼續減輕體重？」

一口氣減重至六十八公斤後，大約有一整年的時間，我的體重一直維持在同一個數字，直到腰痛才意外使體重再下降至六十六公斤。

以寫作爲職後，我長期地運動不足，也逐漸出現腰痛的毛病，而且症狀愈變愈嚴重。

想到腰痛若繼續惡化恐怕會影響寫作事業，我毅然決然地減少了工作量，並設法增加跑步、游泳、做體操的運動時間。此後，不僅疼痛大幅減緩，體重還意外減輕了兩公斤。

遇到停滯期的你，通常距離目標僅有一步之差，在當下決定放棄是再可惜不過的事了。

建議各位，即使進入了瘦身成果停滯期也不要放棄，請重新調配時間，設法增加運動量，再度朝目標穩健地前進吧！

幫助你實現願望的「現金流量表」製作方法

在第三章〈實現願望的現金流量表〉中，曾以下列三步驟說明如何與金錢打交道並取得平衡的方法。

步驟一、以長遠觀點管理現金流量（請參考第九八頁）。

步驟二、養成避免無謂花費的習慣（請參考第一〇七頁）。

步驟三、思考開拓財源的方法（請參考第一一一頁）。

想要用長遠觀點來管理現金流量，製作此現金流量表有其必要。因此，本節再次爲各位說明現金流量表的製作法，以及有效管理資金的祕訣。

1.現金流量表的製作方法

請依下列順序製作現金流量表。

(1)計算單月收入與支出（分析目前的現金流量）。
(2)製作現金流量表（了解未來的現金使用量）。
(3)整合存摺餘額與現金流量表（掌握目前有多少財產1）。
(4)製作包含投資與存款餘額的財務表（掌握目前有多少財產2）。

1.計算單月收入與支出（分析目前的現金流量）

首先要做的事情便是分析目前的現金流量。

已經有在使用家庭帳簿的讀者直接參考帳本即可。

量。

尚未養成此習慣的讀者，請拿出電費等繳費單據做統計，大概了解一下現金用量。

第一步驟要計算單月的收入與支出數字，目的是了解未來的現金流量，因此這個數字不是很精確也無妨。

2.製作現金流量表（了解未來的現金使用量）

掌握單月現金流量之後，接下來便要以相關數字做為基礎，製作現金流量表。

本書在此為各位示範以十月為始的半年度現金流量表（請參考第二〇四頁表五）。現金流量表分為「收入」、「支出」、「餘額」三部分。

首先請參考十月那一欄。

由於收入部分有薪水三十萬日圓，支出部分是生活費二十二萬日圓與定期儲蓄三萬日圓，因此十月的「當月收支」為「正五萬日圓」。而十月初的餘額為九十五

■表五　現金流量表

（單位：萬日圓）

		10月	11月	12月	1月	2月	3月
收入	收入						
	薪水	30	30	30	30	30	30
	獎金			60			
	收入合計	30	30	90	30	30	30
支出	支出						
	生活費	22	22	22	22	22	22
	定期儲蓄	3	3	3	3	3	3
	海外旅遊		20				
	家電購置			15		10	
	服裝				10		
	其他						10
	支出合計	25	45	40	35	35	35
餘額	當月收支	5	-15	50	-5	-5	-5
	月初餘額	95	100	85	135	130	125
	調整						
	月底餘額	100	85	135	130	125	120

萬日圓，到了十月底增加五萬日圓，因此十月底的餘額爲一百萬日圓。

依上述方式將未來每個月的預定收入與預定支出一一列出，便可將未來的現金流量的變化轉爲「視覺化」的資料。

由以上現金流量表可知，個人希望在十一月份進行海外旅遊，希望在十二月份購置冰箱，這並不是信口開河，因爲從表可得知十二月份會有一筆獎金會進來，是對實際的現金流量有所概念之後所做的計畫花費。

3.結合存摺餘額與現金流量表（掌握目前的財產1）

藉由現金流量表，我們可以掌握未來的現金流量。不過，現金流量表並非只用於預估，在知道未來的收入或支出有所變化時，必須隨時更新它。

此外，現金流量表中記載的數字是對於未來現金流量的預測，未必與未來存款簿所顯示的數值一致。會造成差異的原因包括以信用卡支付商品等，因爲商品的購入月份與實際撥款的月份並不相同。還有，現實生活中的花費並非每個月固定不變，也會與預估金額產生落差。

爲了修正種種原因所造成的預估值與實際值的落差，我習慣利用往來銀行每月寄送的「綜合對帳單」，比對收支明細與月底餘額，藉以修正現金流量表的月餘額。

接下來的問題是：如何調整現金流量表的月餘額與存摺餘額之間的差異呢？我的處理方法通常會隨差額大小而有所調整。

接下來，以差額較小的十月與差額較大的十一月分別說明。

「十月：銀行存款簿餘額比現金流量表的餘額短少三萬」

現金流量表中，十月份的預估月底餘額爲一百萬日圓，可是銀行存摺實際顯示的餘額爲九十七萬日圓。而這三萬日圓的差額可能是因爲使用了信用卡，也有可能是由多筆小額支出累積而來。

這三萬日圓的差額來由該怎麼抓是個問題。不過，個人的收入假如有到一定水

■表六　經過調整之現金流量表——10月

（單位：萬日圓）

		10月	11月	12月	1月	2月	3月
收入	收入						
	薪水	30	30	30	30	30	30
	獎金			60			
	收入合計	30	30	90	30	30	30
支出	支出						
	生活費	22	22	22	22	22	22
	定期儲蓄	3	3	3	3	3	3
	海外旅遊		20				
	家電購置			15		10	
	服裝				10		
	其他						10
	支出合計	25	45	40	35	35	35
餘額	當月收支	5	-15	50	-5	-5	-5
	月初餘額	95	97	82	132	127	122
	調整	-3					
	月底餘額	97	82	132	127	122	117

準，倒是建議不需要做到非常深入的分析。

若是不想繼續分析短少原因，那麼只要在「調整欄」中記載「負三萬日圓」，使現金流量表的餘額與銀行存摺餘額相符即可（請參考第二〇七頁表六）。

「十一月：現金流量表的預估餘額比銀行存款多出二十一萬」

現金流量表中十一月份的預估餘額爲八十二萬日圓，可是銀行存摺實際顯示的餘額爲一百零三萬日圓，兩者相差多達二十一萬日圓。二十一萬是筆大數目，竟然出現了大金額的出入，就必須去分析差額由來。

查看銀行存摺與信用卡消費明細後，我發現海外旅遊是十一月份的行程，相關費用多由信用卡支付，而信用卡費的扣款月份落在十二月，因而造成了懸殊差額。

於是，我將十一月份支出的海外旅遊費用二十萬日圓往後挪到十二月份。對於最後剩下的一萬日圓差額，則選擇在調整欄中以「正一萬日圓」因應（請參考第二〇九頁表七）。

■表七　經過調整之現金流量表——11月

（單位：萬日圓）

		10月	11月	12月	1月	2月	3月
收入	收入						
	薪水	30	30	30	30	30	30
	獎金			60			
	收入合計	30	30	90	30	30	30
支出	支出						
	生活費	22	22	22	22	22	22
	定期儲蓄	3	3	3	3	3	3
	海外旅遊		→	(20)			
	家電購置			15		10	
	服裝				10		
	其他						10
	支出合計	25	25	60	35	35	35
餘額	當月收支	5	5	30	-5	-5	-5
	月初餘額	95	97	103	133	128	123
	調整	-3	(1)				
	月底餘額	97	103	133	128	123	118

至於多大的數字差異應該重新檢視，可由個人視收入狀況而定。每個月都要仔細分析差額恐怕太耗費時間，各位不妨先決定一個金額標準，例如三萬日圓或五萬日圓。假如該月份差額在該額度以下，那麼爲符合管理效率，建議單純藉由「調整欄」調整即可。

4.製作包含投資與存款餘額的財產餘額總表（掌握目前的財產2）

假如除了普通存款以外並無其他方面的資金運用，那麼資金管理工作便可在確認完存款簿餘額之後告一段落。假如還有運用定期存款或信託投資等其他金融商品，則建議要定期製作財產餘額總表。有從事定期存款、外幣、信託投資等資金運用的讀者，請參考表八所示範的十月底財產餘額總表。

外幣存款、信託投資等財產的價值隨時在變動，因此有必要定期確認正確的餘額。

有關財產餘額總表的製作頻率，建議以每月一次爲宜，怕麻煩的人每三個月製

■表八　財產餘額總表（時間：十月底）

（單位：萬日圓）

種類	金額
普通存款	97
定期存款	50
外幣存款	100
信託投資1	150
信託投資2	100
合計	497

作一次也無妨。

2.高效率資金管理祕訣

各位可以利用以下方式協助自己有效率地管理錢財。

1.兩種方法雙管齊下

對金錢的管理，可以分爲「已支出金額的管理」與「剩餘資金管理」兩種。

對於已支出金額的管理，以家庭帳簿最具代表性。

剩餘資金的管理辦法則如之前的章節所述：確認銀行存簿餘額並製作現金流量表，以了解未來將有多少花費。

當然，同時使用家庭帳簿與現金流量表是最好的資金管理辦法，時間上有餘裕的讀者不妨試著雙管齊下。不過，我自己因爲怕麻煩，並沒有使用家庭帳簿。

利用家庭帳簿最大的目的，是幫助節省眼前的開銷。

相對地，管理存簿餘額的最主要目的，則是掌握未來的開銷。看到存款簿的數字一直在減少，心情想必很難好起來，所以我們必須養成掌握存款餘額的習慣，幫助自己避免無謂的花費。

自從大學時代獨立生活，我便開始養成注意銀行存簿餘額的習慣。由於當時家裡寄來的生活費與打工所得全都用於生活開支，因此若想要參加社團活動或去旅行，唯有努力存錢一途。

在這樣的環境下，我養成了製作現金流量表隨時掌握存簿餘額的習慣，以利籌措旅行等費用。

這套自大學時代養成的資金管理習慣，至今仍維持不變。

建議那些與我一樣怕麻煩的朋友，至少也要養成查看存款餘額的習慣，才能避免無謂的花費。

2.金錢與壓力的關係

紓解壓力最簡單的方法，不外乎是享受美食或滿足購物慾望。可是，以享受美食的方式紓壓會造成肥胖，滿足購物慾望則會讓存款消失。

我自己就是偏好以美食紓壓而變胖的例子。同樣地，那些做無謂花費的人，恐怕也只是爲了紓解壓力才想要購買該商品。

假如是爲了紓解壓力而花錢，其實無須一味自責，放心去安撫飽受壓力的自己吧！因爲心情穩定後，無謂的花費通常也會隨之減少。

不過，我倒是會提醒自己，儘量避免在身體不適或心情不好時購物。因爲，在心情愉快時悠閒採買，正是避免無謂花費的絕佳方法！

後記　重點不在數字，是數字背後的故事！

許多人常會對自己設下這樣的目標：「我要存到一千萬！」或是「我的腰圍要瘦到五十八公分！」我也曾思考過：要不要以數字來設定努力的目標？

假如能一路愉快地朝夢想目標邁進當然沒有問題，但若是太拘泥於數字，過程中恐怕會很煎熬。

我自己就曾經飽嚐這種痛苦。

我在二十五歲那年考取會計師執照，而後選定外商會計師事務所作爲第一份工作。

那時之所以選擇外商會計師事務所，其實是受了面試主管的激勵。那位主管對我說：「在國內其他事務所需要十年才能累積到的經驗，在我們的事務所三年內就能學到。」

對於一心希望儘早成為專業會計師的我而言，這句話極具魅力。

當時有本雜誌以「三十歲年收入千萬才是一流社會人士的證據！」作爲專題報導，所以我也決定從善如流，以年收入一千萬日圓作爲奮鬥目標。

坦白說，我眞正想要的並非是一千萬的鉅額存款，而是藉由一千萬「認同自己的價値」，換句話說，就是想要靠自己建立自己的信心。

一方面因爲剛開始投入工作，另一方面也因爲不論在個人經歷與年收入上都很順遂，回首當時，我幾乎將全部的精力都用於工作上。

那時，我每天除了工作就是自我進修直到深夜，就連假日也在處理未完成的工作或為下週的新工作作準備。

這樣的狀態持續了將近三年，但不斷增加的工作量及工作壓力已經使我精疲力竭。

起初的不適狀況只是背部僵硬，沒想到後來竟然演變成終夜失眠。終於在每日微燒持續一個月之後，我心生恐懼擔心身體可能撐不下去，終於強迫自己休息半年。

本書專欄四的標題「健康與朋友是人生最大的財富」便是我當時的深切感觸。

休息期間雖然有存款足以支付生活開銷，可是沒有收入，眼看著存款數字快速往下掉，還是有些擔心。

在體認到身體狀況難以負荷時，我萌生辭職念頭，遂向人事部長預約了時間面談此事。

未料當天人事部長因爲臨時有急事外出而將面談延期。

當時，幾位很照顧我的前輩都還在公司。

某位前輩聽到我打算離職，便對我說：「望月啊，既然身體已經出現警訊，離職也是不得已的選擇啊。但假如以後你還想回事務所上班，就來找我吧。我一定會設法讓你回到工作崗位。」

原本因爲工作備感煎熬的我，聽到前輩這麼一說，昔日快樂的工作景象一一浮上眼前。

「要離開有這麼多好同事的事務所實在可惜」的想法也油然而生。於是我決定不辭職，申請留職直到身體狀況恢復。

現在的我，之所以能夠健康地重回職場，都得感謝這些前輩與友人的支持。

在家修養的那段期間，我體會到人生路迢迢，其實凡事無須過於汲汲營營。

我們不應該總是藉由得到什麼來獲得滿足，唯有兼顧健康與人際關係的平衡、過著充實的每一天，才能體會人生眞諦。

人不是機械，是富含情感的動物。

機械的性能可以透過測量以數值展現，然而人類的幸福是無法藉由數字來測量的。

我認為，**數字是映照現實的明鏡**。

但重要的不是鏡中的世界，而是當下你的眞實幸福。

人生的意義，並不存在於某種可以直接套用的社會價值中，而是如何設法去找出只有自己能挖掘、只屬於自己的答案。

然而，俗話說當局者迷，要找出只屬於自己的答案並非易事。

我一路從會計工作到現在專職寫作，直到今日都還在摸索該如何生活、該如何讓自己與周遭的親友幸福。

從各種層面來看，現在都不是個容易生活的時代。

然而愈是活在這樣的時代，我們愈要設法在生活中取得平衡。希望各位能使用本書的概念，就像每天照鏡子一樣，自然地養成能幫助自己取得平衡生活的數字習慣。

然後，**當生活中遭遇了困難，記得「別一味忍耐」，請利用數字找出脫困的方法！**

若本書的出版能讓各位不再爲數字所苦，反而能藉由數字創造出屬於自己的幸福故事，便是我無上的欣慰。

最後，我要藉此機會特別感謝文字編輯金子尚美小姐、美術編輯石間淳先生、插圖製作松先生，以及藤田尚弓先生、中尾淳先生、傳智之先生等人的協助與建議。沒有你們，此書無法順利出版。

對於其他各界給予的協助，我也由衷感謝！當然，還要感謝全心支持我寫作工作的妻子順子與每一位家人。

最後，要感謝閱讀本書的各位讀者。

望月　實

國家圖書館出版品預行編目資料

找出你的生活好質感 / 望月實著 ; 黃郁婷譯 . -- 初版 . -- 新北市 : 大牌出版 : 遠足文化發行 , 2012.11
面 ; 公分
ISBN 978-986-88523-8-9（平裝）

1. 成功法 2. 自我實現

177.2 101020717

找出你的生活好質感

作　　者　望月　實
譯　　者　黃郁婷
主　　編　李映慧
編輯協力　廖志墭、周天韻

總 編 輯　陳旭華
電　　郵　ymal@ms14.hinet.net

社　　長　郭重興
發行人兼出版總監　曾大福
出　　版　大牌出版 / 遠足文化事業股份有限公司
發　　行　遠足文化事業股份有限公司
地　　址　23141 新北市新店區民權路108之3號6樓
電　　話　+886-2-2218 1417
傳　　真　+886-2-8667 1891

封面設計　空白地區
排　　版　藍天圖物宣字社（yalan104@yahoo.com.tw）
法律顧問　華洋法律事務所　蘇文生律師
定　　價　250元
初版一刷　2012年11月